Graciáns Hand-Orakel

Sammlung Dieterich Band 395

BALTASAR GRACIÁNS HAND-ORAKEL UND KUNST DER WELT-KLUGHEIT

Deutsch von
Arthur Schopenhauer

Sammlung Dieterich

Herausgegeben von Carlos Marroquin

ISBN 3-7350-0087-8

Zweite Auflage
Gesamtgestaltung: Walter Schiller, Altenburg
Schrift: Garamond
Druck und Buchbinderei:
Offizin Andersen Nexö Leipzig GmbH,
Graphischer Großbetrieb
Printed in Germany

Geh'! gehorche meinen Winken,
Nutze deine jungen Tage,
Lerne zeitig klüger seyn:
Auf des Glückes großer Waage
Steht die Zunge selten ein:
Du mußt steigen oder sinken,
Du mußt herrschen und gewinnen,
Oder dienen und verlieren,
Leiden oder triumphieren,
Amboß oder Hammer seyn.

Goethe

Vorwort des Übersetzers

Von dem durch eine sehr alte und unvollkommene, später auch ins Lateinische übertragene, Französische Übersetzung, unter dem falschen Titel *l'homme de cour par Gracian* weltbekannten Spanischen Buche ist dieses die erste und einzige unmittelbar aus der Ursprache gemachte Deutsche Übersetzung. Denn die von *Dr.* Müller 1717 herausgegebene, abgesehn davon daß sie heut zu Tage schlechterdings unlesbar ist, kann nur für eine Paraphrase gelten. Gegenwärtige schließt sich dem Text so genau an, als der von Grund aus verschiedene Charakter beider Sprachen es irgend leiden wollte, und der Leser kann versichert seyn, daß von dem *Oraculo manual y arte de prudencia* ihm hier nichts verloren gegangen ist, als bloß eine Anzahl Wortspiele, welche wiederzugeben unmöglich war: nur bei einigen ließ die Sprache den Versuch einer annähernden Nachahmung zu, bei welcher auf billige Nachsicht des Lesers gerechnet ist.

An den Leser

Dem Gerechten keine Gesetze, und dem Weisen keine Rathschläge. Und doch hat Keiner so viel gewußt, als er für sich brauchte. Eines hast du mir zu verzeihen, ein Andres zu danken: daß ich nämlich dieses Handbuch der Lebensklugheit ein Orakel genannt habe, denn es ist ein solches, wegen des Sentenziösen und Gedrungenen; sodann aber, daß ich dir in Einem Federzuge alle zwölf Werke Gracians darbiete, deren jedes so hoch geschätzt wird, daß sein ›Weltkluger‹ kaum in Spanien erschienen war, als er schon in Frankreich, in dessen Sprache übersetzt und an dessen Hofe gedruckt, genossen wurde. Gegenwärtiges sei der Vernunft ein Denkbuch bei dem Gastmahl ihrer Weisen, in welches sie die in den übrigen Werken aufzutragenden Schüsseln der Klugheit einschreibe, um den Genuß auf eine anmuthige Weise zu vervielfältigen.

D. Vincencio Juan de Lastanosa

Geschrieben i. J. 1653

Hand-Orakel

1

Alles hat heut zu Tage seinen Gipfel erreicht, aber die Kunst sich geltend zu machen, den höchsten. Mehr gehört jetzt zu Einem Weisen, als in alten Zeiten zu sieben: und mehr ist erfordert, um in diesen Zeiten mit einem einzigen Menschen fertig zu werden, als in vorigen mit einem ganzen Volke.

2

Herz und Kopf: die beiden Pole der Sonne unsrer Fähigkeiten: eines ohne das andre, halbes Glück. Verstand reicht nicht hin; Gemüth ist erfordert. Ein Unglück der Thoren ist Verfehlung des Berufs im Stande, Amt, Lande, Umgang.

3

Über sein Vorhaben in Ungewißheit lassen. Die Verwunderung über das Neue ist schon eine Werthschätzung seines Gelingens. Mit offenen

Karten spielen, ist weder nützlich noch angenehm. Indem man seine Absicht nicht gleich kund gibt, erregt man die Erwartung, zumal wann man durch die Höhe seines Amts Gegenstand der allgemeinen Aufmerksamkeit ist. Bei Allem lasse man etwas Geheimnißvolles durchblicken und errege, durch seine Verschlossenheit selbst, Ehrfurcht. Sogar wo man sich herausläßt, vermeide man plan zu seyn; eben wie man auch im Umgang sein Inneres nicht Jedem aufschließen darf. Behutsames Schweigen ist das Heiligthum der Klugheit. Das ausgesprochene Vorhaben wurde nie hochgeschätzt, vielmehr liegt es dem Tadel bloß: und nimmt es gar einen ungünstigen Ausgang, so wird man doppelt unglücklich seyn. Man ahme daher dem göttlichen Walten nach, indem man die Leute in Vermuthungen und Unruhe erhält.

4

Wissenschaft und Tapferkeit bauen die Größe auf. Sie machen unsterblich; weil sie es sind. Jeder ist so viel, als er weiß, und der Weise vermag Alles. Ein Mensch ohne Kenntnisse; eine Welt im Finstern. Einsicht und Kraft; Augen und Hände. Ohne Muth ist das Wissen unfruchtbar.

5

Abhängigkeit begründen. Den Götzen macht nicht der Vergolder, sondern der Anbeter. Wer klug ist, sieht lieber die Leute seiner bedürftig, als ihm dankbar verbunden: sie am Seile der Hoffnung führen, ist Hofmannsart, sich auf ihre Dankbarkeit verlassen, Bauernart: denn letztere ist so vergeßlich, als erstere von gutem Gedächtniß. Man erlangt mehr von der Abhängigkeit als von der verpflichteten Höflichkeit: wer seinen Durst gelöscht hat, kehrt gleich der Quelle den Rücken, und die ausgequetschte Apfelsine fällt von der goldenen Schüssel in den Koth. Hat die Abhängigkeit ein Ende, so wird das gute Vernehmen es auch bald finden und mit diesem die Hochachtung. Es sei also eine Hauptlehre aus der Erfahrung, daß man die Hoffnung zu erhalten, nie aber ganz zu befriedigen hat, vielmehr dafür sorgen soll, immerdar nothwendig zu bleiben, sogar dem gekrönten Herrn. Jedoch soll man dies nicht so sehr übertreiben, daß man etwa schweige, damit er Fehler begehe, und soll nicht, des eigenen Vortheils halber, den fremden Schaden unheilbar machen.

6

Seine Vollendung erreichen. Man wird nicht fertig geboren: mit jedem Tage vervollkommnet man sich in seiner Person und seinem Beruf, bis man den Punkt seiner Vollendung erreicht, wo alle Fähigkeiten vollständig, alle vorzüglichen Eigenschaften entwickelt sind. Dies giebt sich daran zu erkennen, daß der Geschmack erhaben, das Denken geläutert, das Urtheil reif, und der Wille rein geworden ist. Manche gelangen nie zur Vollendung, immer fehlt ihnen noch etwas: Andre kommen spät zur Reife. Der vollendete Mann, weise in seinen Reden, klug in seinem Thun, wird zum vertrauten Umgang der gescheuten Leute zugelassen, ja gesucht.

7

Sich vor dem Siege über Vorgesetzte hüten. Alles Übertreffen ist verhaßt, aber seinen Herrn zu übertreffen, ist entweder ein dummer oder ein Schicksals-Streich. Stets war die Überlegenheit verabscheut; wieviel mehr die über die Überlegenheit selbst. Vorzüge niedriger Gattung wird der Behutsame verhehlen, wie etwa seine persönliche Schönheit durch Nachlässigkeit im Anzuge verleugnen. Es wird sich wohl treffen, daß Jemand an Glücksumständen, ja an Gemüthseigenschaften uns nachzustehn sich bequemt, aber an Verstand kein Einziger; wie viel weniger ein Fürst. Denn der Verstand ist eben die Königliche Eigenschaft und deshalb jeder Angriff auf ihn ein Majestätsverbrechen. Fürsten sind sie, und wollen es in dem seyn, was am meisten auf sich hat. Sie mögen wohl, daß man ihnen hilft, jedoch nicht, daß man sie übertrifft: der ihnen ertheilte Rath sehe daher mehr aus wie eine Erinnerung an das was sie vergaßen, als wie ein ihnen aufgestecktes Licht zu dem was sie nicht finden konnten. Eine glückliche Anleitung zu dieser Feinheit geben uns die Sterne, welche, obwohl hellglänzend und Kinder der Sonne, doch nie so verwegen sind, sich mit den Strahlen dieser zu messen.

8

Leidenschaftslos seyn: eine Eigenschaft der höchsten Geistesgröße, deren Überlegenheit selbst sie loskauft vom Joche gemeiner äußerer Eindrücke. Keine höhere Herrschaft, als die über sich selbst und über seine Affekten: sie wird zum Triumph des freien Willens. Sollte aber jemals die Leidenschaft sich der Person bemächtigen; so darf sie doch nie sich an das Amt wagen, und um so weniger, je höher solches ist. Dies ist eine edle Art, sich Verdrießlichkeiten zu ersparen, ja sogar auf dem kürzesten Wege zu Ansehn zu gelangen.

9

Nationalfehler verleugnen. Das Wasser nimmt die guten oder schlechten Eigenschaften der Schichten an, durch welche es läuft, und der Mensch die des Klimas, in welchem er geboren wird. Einige haben ihrem Vaterlande mehr zu verdanken, als Andre, indem ein günstigerer Himmel sie umfieng. Es giebt keine Nation, selbst nicht unter den gebildetesten, welche davon frei wäre, irgend einen ihr eigenthümlichen Fehler zu haben, welchen die benachbarten zu tadeln nicht ermangeln, entweder um sich davor zu hüten, oder sich damit zu trösten. Es ist eine rühmliche Geschicklichkeit, solche Makel seiner Nation an sich selbst zu bessern, oder wenigstens zu verbergen. Man erlangt dadurch den beifälligen Ruf, der Einzige unter den Seinigen zu seyn: und was am wenigsten erwartet wurde, wird am höchsten geschätzt. Eben so giebt es Fehler der

Familie, des Standes, Amtes und Alters: treffen alle diese in Einem Menschen zusammen, ohne daß die Aufmerksamkeit ihnen entgegenwirkte, so machen sie aus ihm ein unerträgliches Ungeheuer.

10

Glück und Ruhm: so unbeständig jenes, so dauerhaft ist dieser: jenes für das Leben, dieser nachher: jenes gegen den Neid, dieser gegen die Vergessenheit. Glück wird gewünscht, bisweilen befördert; Ruhm wird erworben. Der Wunsch nach Ruhm entspringt aus dem Werthe. Die Fama war und ist noch die Schwester der Giganten: stets folgt sie dem Übermäßigen, den Ungeheuern, oder den Wundern, dem Gegenstand des Abscheues, oder des Beifalls.

11

Mit dem umgehn, von dem man lernen kann. Der freundschaftliche Umgang sei eine Schule der Kenntnisse, und die Unterhaltung bildende Belehrung: aus seinen Freunden mache man Lehrer und lasse den Nutzen des Lernens und das Vergnügen der Unterhaltung sich wechselseitig durchdringen. Mit Leuten von Einsicht hat man einen abwechselnden Genuß, indem man, für das was man sagt, Beifall und von dem, was man hört, Nutzen einerntet. Was uns zu Andern führt, ist gewöhnlich unser eigenes Interesse: dies ist hier jedoch höherer Art. Der Aufmerksame besucht häufig die Häuser jener großartigen Hofleute, welche mehr Schauplätze der Größe, als Paläste der Eitelkeit sind. Es giebt Herren, welche im Ruf der Weltklugheit stehn: nicht nur sind diese selbst, durch ihr Beispiel und ihren Umgang Orakel aller Größe, sondern auch die sie umgebende Schaar bildet eine höfische Akademie guter und edler Klugheit jeder Art.

12

Natur und Kunst: der Stoff und das Werk. Keine Schönheit besteht ohne Nachhülfe, und jede Vollkommenheit artet in Barbarei aus, wenn sie nicht von der Kunst erhöht wird: diese hilft dem Schlechten ab und vervollkommnet das Gute. Die Natur verläßt uns gemeinhin beim Besten: nehmen wir unsre Zuflucht zur Kunst. Ohne sie ist die beste natürliche Anlage ungebildet, und den Vollkommenheiten fehlt die Hälfte, wenn ihnen die Bildung fehlt. Jeder Mensch hat, ohne künstliche Bildung, etwas Rohes, und bedarf, in jeder Art von Vollkommenheit, der Politur.

13

Bald aus zweiter, bald aus erster Absicht handeln. Ein Krieg ist das Leben des Menschen gegen die Bosheit des Menschen. Die Klugheit führt ihn, indem sie sich der Kriegslisten, hinsichtlich ihres Vorhabens, bedient. Nie thut sie das, was sie vorgiebt, sondern zielt nur, um zu täuschen. Mit Geschicklichkeit macht sie Luftstreiche; dann aber führt sie in der

Wirklichkeit etwas Unerwartetes aus, stets darauf bedacht ihr Spiel zu verbergen. Eine Absicht läßt sie erblicken, um die Aufmerksamkeit des Gegners dahin zu ziehn, kehrt ihr aber gleich wieder den Rücken und siegt durch das, woran Keiner gedacht. Jedoch kommt ihr andrerseits ein durchdringender Scharfsinn durch seine Aufmerksamkeit zuvor und belauert sie mit schlauer Überlegung: stets versteht er das Gegentheil von dem was man ihm zu verstehn giebt und erkennt sogleich jedes falsche Miene machen. Die erste Absicht läßt er immer vorüber gehn, wartet auf die zweite, ja auf die dritte. Indem jetzt die Verstellung ihre Künste erkannt sieht, steigert sie sich noch höher und versucht nunmehr durch die Wahrheit selbst zu täuschen: sie ändert ihr Spiel, um ihre List zu ändern, und läßt das nicht Erkünstelte als erkünstelt erscheinen, indem sie so ihren Betrug auf die vollkommenste Aufrichtigkeit gründet. Aber die beobachtende Schlauheit ist auf ihrem Posten, strengt ihren Scharfblick an und entdeckt die in Licht gehüllte Finsterniß: sie entziffert jenes Vorhaben, welches je aufrichtiger, desto trügerischer war. Auf solche Weise kämpft die Arglist des Python gegen den Glanz der durchdringenden Strahlen Apollo's.

14

Die Sache und die Art. Das Wesentliche in den Dingen ist nicht ausreichend, auch die begleitenden Umstände sind erfordert. Eine schlechte Art verdirbt Alles, sogar Recht und Vernunft; die gute Art hingegen kann Alles ersetzen, vergoldet das Nein, versüßt die Wahrheit und schminkt das Alter selbst. Das Wie thut gar viel bei den Sachen: die artige Manier ist ein Taschendieb der Herzen. Ein schönes Benehmen ist der Schmuck des Lebens, und jeder angenehme Ausdruck hilft wundervoll von der Stelle.

15

Aushelfende Geister haben. Es ist ein Glück der Mächtigen, daß sie Männer von ausgezeichneter Einsicht sich beigesellen können: diese entreißen sie jeder Gefahr der Unwissenheit, und müssen schwierige Streitfragen für sie erörtern. Es liegt eine besondre Größe darin, die Weisen in seinem Dienst zu haben, und solche übertrifft bei Weitem den barbarischen Geschmack des Tigranes, der etwas darin suchte, gefangene Könige zu Dienern zu haben. Eine ganz neue Herrlichkeit ist es, und zwar im Besten des Lebens, künstlich *die* zu Dienern zu machen, welche die Natur hoch über uns gestellt hat. Das Wissen ist lang, das Leben kurz, und wer nichts weiß, der lebt auch nicht. Da ist es denn ungemein geschickt, ohne Müheaufwand zu studieren und zwar viel durch Viele, um durch sie Alle gelehrt zu seyn. Da redet man nachher in der Versammlung für Viele, indem aus Eines Munde so viele reden, als man vorher zu Rathe gezogen hat: so erlangt man, durch fremden Schweiß, den Ruf eines Orakels. Jene aushelfenden

Geister suchen zuvörderst die Lektion zusammen und tischen sie uns sodann in Quintessenzen des Wissens auf. Wer nun aber es nicht dahin bringen kann, die Weisen in seinem Dienst zu haben, ziehe Nutzen von ihnen im Umgang.

16

Einsicht mit redlicher Absicht: zusammen verbürgen sie durchgängiges Gelingen. Ein widernatürliches Ungeheuer war stets ein guter Verstand vereint mit einem bösen Willen. Die böswillige Absicht ist ein Gift aller Vollkommenheiten; vom Wissen unterstützt verdirbt sie auf eine feinere Weise. Unseelige Überlegenheit, die zur Verworfenheit verwendet wird! – Wissenschaft ohne Verstand ist doppelte Narrheit.

17

Abwechselung in der Art zu verfahren: man verfahre nicht immer auf gleiche Weise, damit man die Aufmerksamkeit, zumal die der Widersacher, verwirre: nicht stets aus der ersten Absicht; sonst werden jene diesen einförmigen Gang bald ausgelernt haben und uns zuvorkommen, oder gar unser Thun vereiteln. Es ist leicht, den Vogel im Fluge zu treffen, der ihn in grade fortgesetzter Richtung, nicht aber den, der ihn in gewundener nimmt. Aber auch aus der zweiten Absicht darf man nicht immer handeln: denn schon beim zweiten Male kennen die Gegner die List. Die Bosheit steht auf der Lauer, und großer Schlauheit bedarf es, sie zu täuschen. Nie spielt der Spieler die Karte aus, welche der Gegner erwartet, noch weniger die, welche er wünscht.

18

Fleiß und Talent: ohne beide ist man nie ausgezeichnet, jedoch im höchsten Grade, wenn man sie in sich vereint. Mit dem Fleiße bringt ein mittelmäßiger Kopf es weiter, als ein überlegener ohne denselben. Die Arbeit ist der Preis, für den man den Ruhm erkauft: was wenig kostet, ist wenig werth. Sogar für die höchsten Ämter hat es Einigen nur an Fleiß gefehlt: nur selten ließ das Talent sie im Stich. Daß man lieber auf einem hohen Posten mittelmäßig, als auf einem niedrigen ausgezeichnet ist, hat die Entschuldigung eines hohen Sinnes für sich; hingegen daß man sich begnügt, auf dem untersten Posten mittelmäßig zu seyn, während man auf dem obersten ausgezeichnet seyn könnte, hat sie nicht. Also sind Natur und Kunst erfordert, und der Fleiß drückt ihnen das Siegel auf.

19

Nicht unter übermäßigen Erwartungen auftreten. Es ist das gewöhnliche Unglück alles sehr Gerühmten, daß es der übertriebenen Vorstellung, die man sich von ihm machte, nachmals nicht gleich kommen kann. Nie konnte das Wirkliche das Eingebildete erreichen: denn sich Vollkommenheiten denken ist leicht; sie verwirklichen, sehr schwer. Die Einbildungskraft verbindet sich mit dem Wunsche und stellt sich daher stets viel mehr vor, als die Dinge sind. Wie groß nun auch die Vortrefflichkeiten seyn mögen, so reichen sie doch nicht hin, den vorgefaßten Begriff zu befriedigen: und da sie ihn unter der Täuschung seiner ausschweifenden Erwartung vorfinden; so werden sie eher seinen Irrthum zerstören, als Bewunderung erregen. Die Hoffnung ist eine große Verfälscherin der Wahrheit: die Klugheit weise sie zurecht und sorge dafür, daß der Genuß die Erwartung übertreffe. Daß man beim Auftreten schon einigermaßen die Meinung für sich habe, dient die Aufmerksamkeit zu erregen, ohne dem Gegenstand derselben Verpflichtungen aufzuerlegen. Viel besser ist es immer, wenn die Wirklichkeit die Erwartung übersteigt und mehr ist als man gedacht hatte. Diese Regel wird falsch beim Schlimmen: denn da diesem die Übertreibung zu statten kommt; so sieht man solche gern widerlegt, und dann gelangt das, was als ganz abscheulich gefürchtet wurde, noch dahin, erträglich zu scheinen.

20

Der Mann seines Jahrhunderts. Die außerordentlich seltenen Menschen hängen von der Zeit ab. Nicht alle haben die gefunden, deren sie würdig waren, und viele fanden sie zwar, konnten aber doch nicht dahin gelangen, sie zu nutzen. Einige waren eines bessern Jahrhunderts werth, denn nicht immer triumphiert jedes Gute. Die Dinge haben ihre Periode und sogar die höchsten Eigenschaften sind der Mode unterworfen. Der Weise hat jedoch einen Vortheil, den, daß er unsterblich ist: ist *dieses* nicht sein Jahrhundert, so werden viele andre es seyn.

21

Die Kunst Glück zu haben. Es giebt Regeln für das Glück: denn für den Klugen ist nicht alles Zufall. Die Bemühung kann dem Glücke nachhelfen. Einige begnügen sich damit, sich wohlgemuth an das Thor der Glücksgöttin zu stellen und zu erwarten, daß sie öffne. Andre, schon besser, streben vorwärts und machen ihre kluge Kühnheit geltend, damit sie, auf den Flügeln ihres Werthes und ihrer Tapferkeit, die Göttin erreichen und ihre Gunst gewinnen mögen. Jedoch, richtig philosophiert, giebt es keinen andern Weg, als den der Tugend und Umsicht; indem Jeder grade so viel Glück und so viel Unglück hat, als Klugheit oder Unklugheit.

22

Ein Mann von willkommnen Kenntnissen. Gescheute Leute sind mit einer eleganten und geschmackvollen Belesenheit ausgerüstet, haben ein zeitgemäßes Wissen von Allem was an der Tagesordnung ist, jedoch mehr auf eine gelehrte, als auf eine gemeine Weise: sie halten sich einen geistreichen Vorrat witziger Reden und edler Thaten, von welchem sie zu rechter Zeit Gebrauch zu machen verstehn. Oft war ein guter Rath besser angebracht in der Form eines Witzwortes, als in der der ernstesten Belehrung; und gangbares Wissen hat

Manchem mehr geholfen, als alle sieben Künste, so frei sie auch seyn mögen.

23

Ohne Makel seyn: die unerläßliche Bedingung der Vollkommenheit. Es giebt Wenige, die ohne irgend ein Gebrechen wären, wie im Physischen, so im Moralischen: und sie lieben solches innig, da sie doch leicht es heilen könnten. Mit Bedauern sieht die fremde Klugheit, wie oft einem ganzen Verein erhabener Fähigkeiten ein kleiner Fehler sich keck angehängt hat; und Eine Wolke ist hinreichend die ganze Sonne zu verdunkeln. Dergleichen sind Flecken unsers Ansehns, welche das Mißwollen sogleich herausfindet, und immer wieder darauf zurückkommt. Die größte Geschicklichkeit wäre, sie in Zierden zu verwandeln, in der Art, wie Cäsar sein physisches Gebrechen mit dem Lorbeer zu bedecken wußte.

24

Die Einbildungskraft zügeln, indem man bald sie zurechtweist, bald ihr nachhilft: denn sie vermag Alles über unser Glück, und sogar unser Verstand erhält Berichtigung von ihr. Sie kann eine tyrannische Gewalt erlangen und begnügt sich nicht mit müßiger Beschauung, sondern wird thätig, bemächtigt sich sogar oft unsers ganzen Daseyns, welches sie mit Lust oder Traurigkeit erfüllt, je nachdem die Thorheit ist, auf die sie verfiel: denn sie macht uns mit uns selbst zufrieden oder unzufrieden, spiegelt Einigen beständige Leiden vor und wird der häusliche Henker dieser Thoren: Andern zeigt sie nichts, als Seeligkeiten und Glücksfälle, unter lustigem Schwindeln des Kopfs. Alles dieses vermag sie, wenn nicht die vernünftige Obhut unsrer selbst ihr den Zaum anlegt.

25

Winke zu verstehn wissen. Einst war es die Kunst aller Künste, reden zu können: jetzt reicht das nicht aus: errathen muß man können, vorzüglich wo es auf Zerstörung unsrer Täuschung abgesehn ist. Der kann nicht sehr verständig seyn, der nicht leicht versteht. Es giebt hingegen auch Schatzgräber der Herzen und Luchse der Absichten. Grade die Wahrheiten, an welchen uns am meisten gelegen, werden stets nur halb ausgesprochen; allein der Aufmerksame fasse sie im vollen Verstande auf. Bei allem Erwünschten ziehe er seinen Glauben am Zügel zurück, aber gebe ihm den Sporn bei allem Verhaßten.

26

Die Daumschraube eines Jeden finden. Dies ist die Kunst den Willen Andrer in Bewegung zu setzen. Es gehört mehr Geschick als Festigkeit dazu. Man muß wissen, wo einem Jeden beizukommen sei. Es giebt keinen Willen, der nicht einen eigenthümlichen Hang hätte, welcher, nach der Mannigfaltigkeit des Geschmacks, verschieden ist. Alle sind Götzendiener, Einige der Ehre, Andre des Interesses, die Meisten des Vergnügens. Der Kunstgriff besteht darin, daß man diesen Götzen eines Jeden kenne, um mittelst desselben ihn zu bestimmen. Weiß man welches für Jeden der wirksame Anstoß sei; so ist es als hätte man den Schlüssel zu seinem Willen. Man muß nun auf die allererste Springfeder, oder das *primum mobile* in ihm, zurückgehn, welches aber nicht etwa das Höchste seiner Natur, sondern meistens das Niedrigste ist: denn es giebt mehr schlecht- als wohlgeordnete Gemüther in der Welt. Jetzt muß man zuvörderst sein Gemüth bearbeiten, dann ihm durch ein Wort den Anstoß geben, endlich mit seiner Lieblingsneigung den Hauptangriff machen; so wird unfehlbar sein freier Wille schachmatt.

27

Das Intensive höher als das Extensive schätzen. Die Vollkommenheit besteht nicht in der Quantität, sondern in der Qualität. Alles Vortreffliche ist stets wenig und selten: die Menge und Masse einer Sache macht sie geringgeschätzt. Sogar unter den Menschen sind die Riesen meistens die eigentlichen Zwerge. Einige schätzen die Bücher nach ihrer Dicke; als ob sie geschrieben wären, die Arme, nicht die Köpfe daran zu üben. Das Extensive allein führt nie über die Mittelmäßigkeit hinaus, und es ist das Leiden der universellen Köpfe, daß sie, um in Allem zu Hause zu seyn, es nirgends sind. Hingegen ist es das Intensive, woraus die Vortrefflichkeit entspringt, und zwar eine heroische, wenn in erhabener Gattung.

28

In nichts gemein: Erstlich, nicht im Geschmack. O des großen Weisen, den es niederschlug, daß seine Sache der Menge gefiel!* Gemeiner Beifall in Fülle giebt dem Verständigen kein Genügen. Dagegen sind Manche solche Chamäleone der Popularität, daß sie ihren Genuß nicht in den sanften Anhauch Apollo's, sondern in den Athem des großen Haufens setzen. – Zweitens, nicht im Verstande: man finde kein Genügen an den Wundern des Pöbels, dessen Unwissenheit ihn nicht über das Erstaunen hinauskommen läßt: während die allgemeine Dummheit bewundert, deckt der Verstand des Einzelnen den Trug auf.

29

Ein rechtschaffner Mann seyn: stets steht dieser auf der Seite der Wahrheit, mit solcher Festigkeit des Vorsatzes, daß weder die Leidenschaft des großen Haufens, noch die Gewalt des Despoten ihn jemals dahin bringen, die Gränze des Rechts zu übertreten. Allein wer ist dieser Phönix der Gerechtigkeit? Wohl wenig ächte Anhänger hat die Rechtschaffenheit. Zwar rühmen sich Viele, jedoch nicht für ihr Haus. Andre folgen ihr bis zum Punkt der Gefahr: dann aber verleugnen sie die Falschen, verhehlen sie die Politischen. Denn sie kennt keine Rücksicht, sei es daß sie mit der Freundschaft, mit

* Ein Griechischer Redner fragte, als das Volk ihm Beifall zurief, betroffen, seine Freunde: »habe ich etwas Verkehrtes gesagt?«

der Macht, oder sogar mit dem eigenen Interesse sich feindlich begegnete: hier nun liegt die Gefahr abtrünnig zu werden. Jetzt abstrahieren, mit scheinbarer Metaphysik, die Schlauen von ihr, um nicht der Absicht der Höheren, oder der Staatsräson in den Weg zu treten. Jedoch der beharrliche Mann hält jede Verstellung für eine Art Verrath: er setzt seinen Werth mehr in seine unerschütterliche Festigkeit, als in seine Klugheit. Stets ist er zu finden, wo die Wahrheit zu finden ist: und fällt er von einer Partei ab; so ist es nicht aus Wankelmuth von seiner, sondern von ihrer Seite, indem sie zuvor von der Sache der Wahrheit abgefallen war.

30

Sich nicht zu Beschäftigungen bekennen, die in schlechtem Ansehn stehn, noch weniger zu Schimären, wodurch man sich eher in Verachtung, als in Ansehn bringt. Es giebt mancherlei grillenhafte Sekten, von welchen allen der kluge Mann sich fern hält. Aber es giebt Leute von wunderlichem Geschmack, welche immer nach dem greifen, was die Weisen verworfen haben, und dann in diesen Seltsamkeiten sich gar sehr gefallen. Dadurch werden sie zwar allgemein bekannt, doch mehr als Gegenstand des Lachens, als des Ruhms. Sogar zur Weisheit wird der umsichtige Mann sich nicht auf eine hervorstechende Weise bekennen, viel weniger zu Dingen, welche ihre Anhänger lächerlich machen. Sie werden hier nicht aufgezählt, weil die allgemeine Verachtung sie genugsam bezeichnet hat.

31

Die Glücklichen und Unglücklichen kennen, um sich zu jenen zu halten, und diese zu fliehen. Das Unglück ist meistentheils Strafe der Thorheit, und für die Theilnehmer ist keine Krankheit ansteckender. Man darf nie dem kleinern Übel die Thüre öffnen: denn hinter ihm werden sich stets viele andre und größere einschleichen. Die feinste Kunst beim Spiel besteht im richtigen Ekartieren: und die kleinste Karte der Farbe die jetzt Trumpf ist, ist wichtiger, als die größte derjenigen, die es vorher war. Ist man zweifelhaft; so ist das Gescheuteste, sich zu den Klugen und Vorsichtigen zu halten, da diese früh oder spät das Glück einholen.

32

Im Rufe der Gefälligkeit stehn. Das Ansehn derer, die am Staatsruder stehn, gewinnt sehr dadurch, daß sie willfährig sind, und die Huld ist eine Eigenschaft der Herrscher, durch welche sie die allgemeine Gunst erlangen. Dies ist ja eben der einzige Vorzug, den die höchste Macht giebt, daß man mehr Gutes thun kann, als alle Andern. Freunde sind die, welche Freundschaft erweisen. Dagegen gibt es Andre, welche sich darauf legen, ungefällig zu seyn, nicht so sehr wegen des Beschwerlichen, als aus Tücke: sie sind ganz und gar das Gegentheil der göttlichen Milde.

33

Sich zu entziehn wissen. Wenn eine große Lebensregel die ist, daß man zu verweigern verstehe; so folgt, daß es eine noch wichtigere ist, daß man sich selbst, sowohl den Geschäften als den Personen, zu verweigern wisse. Es giebt fremdartige Beschäftigungen, welche die Motten der kostbaren Zeit sind. Sich mit etwas Ungehörigem beschäftigen, ist schlimmer als Nichtsthun. Für den Umsichtigen ist es nicht hinreichend, daß er nicht zudringlich sei, sondern er muß auch dafür sorgen, daß Andre sich ihm nicht aufdringen. So sehr darf man nicht Allen angehören, daß man nicht mehr sich selber angehörte. Eben so darf man auch seinerseits nicht seine Freunde mißbrauchen, und nicht mehr von ihnen verlangen, als sie eingeräumt haben. Jedes Übermaaß ist fehlerhaft, aber am meisten im Umgang. Mit dieser klugen Mäßigung wird man sich am besten die Gunst und Werthschätzung Aller erhalten, weil alsdann der so kostbare Anstand nicht allmälig bei Seite gesetzt wird. Man erhalte sich also die Freiheit seiner Sinnesart, liebe innig das Auserlesene jeder Gattung, und thue nie der Aufrichtigkeit seines guten Geschmackes Gewalt an.

34

Seine vorherrschende Fähigkeit kennen, sein hervorstechendes Talent; sodann dieses ausbilden und den übrigen nachhelfen. Jeder wäre in irgend etwas ausgezeichnet geworden, hätte er seinen Vorzug gekannt. Man beobachte also seine überwiegende Eigenschaft und verwende auf diese allen Fleiß. Bei Einigen ist der Verstand, bei Andern die Tapferkeit vorherrschend. Die Meisten tun aber ihren Naturgaben Gewalt an, und bringen es deshalb in nichts zur Überlegenheit. Das, was Anfangs der Leidenschaft schmeichelte, wird von der Zeit zu spät als Irrthum aufgedeckt.

35

Nachdenken, und am meisten über das, woran am meisten gelegen. Weil sie nicht denken, gehn alle Dummköpfe zu Grunde: sie sehn in den Dingen nie auch nur die Hälfte von dem, was da ist; und da sie sich so wenig anstrengen, daß sie nicht einmal ihren eigenen Schaden oder Vortheil begreifen, legen sie großen Werth auf das, woran wenig, und geringen auf das, woran viel gelegen, stets verkehrt abwägend. Viele verlieren den Verstand deshalb nicht, weil sie keinen haben. Es gibt Sachen, die man mit der ganzen Anstrengung seines Geistes untersuchen und nachher in der Tiefe desselben aufbewahren soll. Der Kluge denkt über Alles nach, wiewohl mit Unterschied: er vertieft sich da, wo er Grund und Widerstand findet, und denkt bisweilen, daß er noch mehr da ist, als er denkt: dergestalt reicht sein Nachdenken eben so weit als seine Besorgniß.

36

Sein Glück erwogen haben; um zu handeln, um sich einzulassen. Daran ist mehr gelegen, als an der Beobachtung seines Temperaments. Ist aber der ein Thor, welcher im vierzigsten Jahre sich an den Hippokrates, seiner Gesundheit halber, wendet, so ist es der noch mehr, welcher dann erst an den Seneca, der Weisheit wegen. Es ist eine große Kunst, sein Glück zu leiten zu wissen, indem man bald es abwartet, denn auch mit Warten ist bei ihm etwas auszurichten, bald es zur rechten Zeit benutzt, da es Perioden hält und Gelegenheiten darbietet; obwohl man ihm seinen Gang nicht ablernen kann, so regellos sind seine Schritte. Wer es günstig befunden hat, schreite keck vorwärts; denn es liebt die Kühnen leidenschaftlich, und, als schönes Weib, auch die Jünglinge. Wer aber Unglück hat, thue nichts mehr; sondern ziehe sich zurück, damit er nicht zu dem Unstern, der schon über ihm steht, einen zweiten heranrufe.

37

Stichelreden kennen und anzuwenden verstehn. Dies ist der Punkt der größten Feinheit im menschlichen Umgang. Solche Stichelreden werden oft hingeworfen, um die Gemüther zu prüfen, und mittelst ihrer stellt man die versteckteste und zugleich eindringlichste Untersuchung des Herzens an. Eine andre Art derselben sind die boshaften, verwegenen, vom Gift des Neides angesteckten, oder mit dem Geifer der Leidenschaft getränkten: diese sind oft unvorhergesehene Blitze, durch welche man aus aller Gunst und Hochachtung mit Einem Male herabgeschleudert wird: von einem leichten Wörtchen dieser Art getroffen, sind manche aus dem engsten Vertrauen der höchsten oder geringerer Personen herabgestürzt, denen doch auch nur den mindesten Schreck zu erregen, eine vollständige Verschwörung zwischen der Unzufriedenheit der Menge und der Bosheit der Einzelnen, unvermögend gewesen war. Wieder eine andre Art von Stichelreden wirkt im entgegengesetzten Sinne, indem sie unser Ansehn stützt und befestigt. Allein mit derselben Geschicklichkeit, mit welcher die Absichtlichkeit sie schleudert, muß die Vorkehr sie empfangen, ja die Umsicht sie schon zum voraus erwarten. Denn hier beruht die Abwehr auf der Kenntniß des Übels, und der vorhergesehene Schuß verfehlt jedesmal sein Ziel.

38

Vom Glücke beim Gewinnen scheiden: so machen es alle Spieler von Ruf. Ein schöner Rückzug ist eben so viel werth, als ein kühner Angriff. Man bringe seine Thaten, wann ihrer genug, wann ihrer viele sind, in Sicherheit. Ein lange anhaltendes Glück ist allemal verdächtig: das unterbrochene ist sicherer und das Süßsaure desselben sogar dem Geschmack angenehmer. Je mehr sich Glück auf Glück häuft, desto mehr Gefahr laufen sie auszugleiten und alle miteinander niederzustürzen. Die Höhe der Gunst des Glücks wird oft durch die Kürze ihrer Dauer aufgewogen: denn das Glück wird es müde, Einen so lange auf den Schultern zu tragen.

39

Den Punkt der Reife an den Dingen kennen, um sie dann zu genießen. Die Werke der Natur gelangen alle zu einem Gipfel ihrer Vollkommenheit: bis dahin nahmen sie zu, von dem an ab: unter denen der Kunst hingegen sind nur wenige, die dahin gebracht wären, daß sie keiner Verbesserung mehr fähig sind. Es ist ein Vorzug des guten Geschmacks, daß er jede Sache auf dem Punkte ihrer Vollendung genießt: Alle können dies nicht, und die es könnten, verstehn es nicht. Sogar für die Früchte des Geistes giebt es einen solchen Punkt der Reife: es ist wichtig ihn zu kennen, hinsichtlich der Schätzung sowohl als der Ausübung.

40

Gunst bei den Leuten. Die allgemeine Bewundrung zu erlangen ist viel; mehr jedoch, die allgemeine Liebe. In etwas hängt es von der Gunst der Natur, aber mehr von der Bemühung ab: jene legt den Grund; diese führt es aus. Ausgezeichnete Fähigkeiten reichen nicht hin, obwohl sie vorausgesetzt werden: denn hat man einmal die Meinung gewonnen, so ist es leicht auch die Zuneigung zu gewinnen. Sodann erwirbt man Wohlwollen nicht ohne Wohlthun: Gutes gethan, mit beiden Händen, schöne Worte, noch bessere Thaten, lieben, um geliebt zu werden. Die Höflichkeit ist die größte politische Zauberei der Großen. Erst strecke man seine Hand zu Thaten aus, und sodann nach den Federn; vom Stichblatt nach dem Geschichtsblatt: denn es giebt auch eine Gunst der Schriftsteller, und sie ist unsterblich.

41

Nie übertreiben. Es sei ein wichtiger Gegenstand unsrer Aufmerksamkeit, nicht in Superlativen zu reden; theils um nicht der Wahrheit zu nahe zu treten, theils um nicht unsern Verstand herabzusetzen. Die Übertreibungen sind Verschwendungen der Hochschätzung, und zeugen von der Beschränktheit unsrer Kenntnisse und unsers Geschmacks. Das Lob erweckt lebhafte Neugierde, reizt das Begehren, und wann nun nachher, wie es sich gemeiniglich trifft, der Werth dem Preise nicht entspricht; so wendet die getäuschte Erwartung sich gegen den Betrug, und rächt sich durch Geringschätzung des Gerühmten und des Rühmers. Daher gehe der Kluge zurückhaltend zu Werke und fehle lieber durch das zu wenig, als durch das zu viel. Die ganz außerordentlichen Dinge jeder Art sind selten; also mäßige man seine Werthschätzung. Die Übertreibung ist der Lüge verwandt, und durch dieselbe kommt man um den Ruf des guten Geschmacks, welches viel, und um der Verständigkeit, welches mehr ist.

42

Von angeborner Herrschaft. Sie ist die geheim wirkende Kraft der Überlegenheit. Nicht aus einer widerlichen Künstelei darf sie hervorgehn; sondern aus einer gebietenden Natur. Alle unterwerfen sich ihr, ohne zu wissen wie, indem sie die verborgene Macht natürlicher Autorität anerkennen. Diese gebietenden Geister sind Könige durch ihren Werth, und Löwen, kraft angeborenen Vorrechts. Durch die Hochachtung, die sie einflößen, nehmen sie Herz und Verstand der Übrigen gefangen. Sind solchen nun auch die andern Fähigkeiten günstig; so sind sie geboren, die ersten Hebel der Staatsmaschine zu seyn: denn sie wirken mehr durch eine Miene, als Andre durch eine lange Rede.

43

Denken wie die Wenigsten und reden wie die Meisten. Gegen den Strohm schwimmen wollen vermag keineswegs den Irrthum zu zerstören, sehr wohl aber, in Gefahr zu bringen. Nur ein Sokrates konnte es unternehmen. Von Andrer Meinung abweichen, wird für Beleidigung gehalten; denn es ist ein Verdammen des fremden Urtheils. Bald mehren sich die darob Verdrießlichen, theils des getadelten Gegenstandes, theils wegen dessen, der ihn gelobt hatte. Die Wahrheit ist für Wenige, der Trug so allgemein wie gemein. Den Weisen wird man nicht an dem erkennen, was er auf dem Marktplatz redet: denn dort spricht er nicht mit *seiner* Stimme, sondern mit der der allgemeinen

Thorheit, so sehr auch sein Inneres sie verleugnen mag. Der Kluge vermeidet eben so sehr, daß man ihm, als daß er Andern widerspreche: so bereit er zum Tadel ist, so zurückhaltend in der Äußerung desselben. Das Denken ist frei, ihm kann und darf keine Gewalt geschehn. Daher zieht der Kluge sich zurück in das Heiligthum seines Schweigens: und läßt er ja sich bisweilen aus; so ist es im engen Kreise Weniger und Verständiger.

44

Mit großen Männern sympathisieren. Es ist eine Eigenschaft der Heroen, mit Heroen übereinzustimmen. Hierin liegt ein Wunder der Natur, sowohl wegen des Geheimnißvollen darin, als auch wegen des Nützlichen. Es giebt eine Verwandschaft der Herzen und Gemüthsarten: ihre Wirkungen sind solche, wie die Unwissenheit des großen Haufens sie Zaubertränken zuschreibt. Sie bleibt nicht bei der Hochachtung stehn, sondern geht bis zum Wohlwollen, ja bis zur Zuneigung. Sie überredet ohne Worte und erlangt ohne Verdienst. Es giebt eine aktive und eine passive: beide sind heilbringend, und um so mehr, in je erhabenerer Gattung. Es ist eine große Geschicklichkeit, sie zu erkennen, zu unterscheiden und sie zu nutzen zu verstehn. Denn kein Eigensinn kann ohne diese geheime Gunst zum Zwecke führen.

45

Von der Schlauheit Gebrauch, nicht Mißbrauch machen. Man soll sich nicht in ihr gefallen, noch weniger sie zu verstehn geben. Alles Künstliche muß verdeckt bleiben, weil es verdächtig ist, besonders aber, wenn es Vorsichtsmaaßregeln betrifft, denn da ist es verhaßt. Der Betrug ist stark im Gebrauch: daher verdoppelt sich der Verdacht, ohne jedoch sich zu erkennen zu geben; weil er sonst Mißtrauen erregt, sehr kränkt, zur Rache auffordert und Schlechtigkeiten erweckt, an welche vorher Keiner gedacht hatte. Mit Überlegung zu Werke gehn, ist ein mächtiger Vortheil beim Handeln, und es giebt keinen sichern Beweis von Vernunft. Die größte Vollkommenheit der Handlungen stützt sich auf die sichere Meisterschaft, mit der man sie ausführt.

46

Seine Antipathie bemeistern. Oft verabscheuen wir aus freien Stücken, und sogar ehe wir die Eigenschaften der betreffenden Person kennen gelernt haben: bisweilen wagt dieser angeborene, pöbelhafte Widerwille sich selbst gegen die ausgezeichnetesten Männer zu regen. Die Klugheit werde Herr über ihn: denn nichts kann eine schlechtere Meinung von uns erregen, als daß wir die verabscheuen, welche mehr werth sind als wir. So sehr als die Sympathie mit großen Männern zu unserm Vortheil spricht, setzt die Antipathie gegen dieselben uns herab.

47

Ehrensachen meiden. Einer der wichtigsten Gegenstände der Vorsicht. In Leuten von umfassendem Geiste liegen stets die Extreme sehr weit von einander entfernt, so daß ein langer Weg vom einen zum andern ist: sie selbst aber halten sich immer im Mittelpunkt ihrer Klugheit, daher sie es nicht leicht zum Bruche kommen lassen. Denn es ist viel leichter einer Gelegenheit dieser Art auszuweichen, als mit Glück aus derselben heraus zu kommen. Dergleichen sind Versuchungen unsrer Klugheit, und es ist sicherer sie zu fliehen, als in ihnen zu siegen. Eine Ehrensache führt eine andre und schlimmere herbei, und dabei kann die Ehre leicht sehr zu Schaden kommen. Es giebt Leute, die, vermöge ihres eigenthümlichen oder ihres National-Charakters, leicht Gelegenheit nehmen und geben, und geneigt sind Verpflichtungen dieser Art einzugehn. Hingegen bei dem, der am Lichte der Vernunft wandelt, bedarf die Sache längerer Überlegung. Er sieht mehr Muth darin, sich nicht einzulassen, als zu siegen: und wenn auch etwa ein allezeit bereitwilliger Narr da ist; so bittet er zu entschuldigen, daß er nicht Lust hat, der andre zu seyn.

48

Gründlichkeit und Tiefe: nur so weit man diese hat, kann man mit Ehren eine Rolle spielen. Stets muß das Innere noch einmal soviel seyn, als das Äußere. Dagegen giebt es Leute von bloßer Fassade, wie

Häuser, die, weil die Mittel fehlten, nicht ausgebaut sind und den Eingang eines Pallasts, den Wohnraum einer Hütte haben. An solchen ist gar nichts, wobei man lange weilen könnte, obwohl sie langweilig genug sind; denn, sind die ersten Begrüßungen zu Ende, so ist es auch die Unterhaltung. Mit den vorläufigen Höflichkeitsbezeugungen treten sie wohlgemuth auf, wie Sicilianische Pferde, aber gleich darauf versinken sie in Stillschweigen: denn die Worte versiegen bald, wo keine Quelle von Gedanken fließt. Andre, die selbst einen oberflächlichen Blick haben, werden leicht von diesen getäuscht; aber nicht so die Schlauen: diese gehn aufs Innere und finden es leer, bloß zum Spotte gescheuter Leute tauglich.

49

Scharfblick und Urtheil. Wer hiemit begabt ist bemeistert sich der Dinge, nicht sie seiner: die größte Tiefe weiß er zu ergründen und die Fähigkeiten eines Kopfs auf das vollkommenste anatomisch zu zerlegen. Indem er einen Menschen sieht, versteht er ihn und beurtheilt sein innerstes Wesen. Er macht feine Beobachtungen und versteht meisterhaft das vorborgenste Innere zu entziffern. Er bemerkt scharf, begreift gründlich und urtheilt richtig: Alles entdeckt, sieht, faßt und versteht er.

50

Nie setze man die Achtung gegen sich selbst aus den Augen, und mache sich nicht mit sich selbst gemein. Unsre eigene Makellosigkeit muß die Richtschnur für unsern untadelhaften Wandel seyn, und die Strenge unsers eigenen Urtheils muß mehr über uns vermögen, als alle äußeren Vorschriften. Das Ungeziemende unterlasse man mehr aus Scheu vor seiner eigenen Einsicht, als aus der vor der strengsten fremden Autorität. Man gelange dahin, sich selbst zu fürchten; so wird man nicht Seneca's imaginären Hofmeister nötig haben.

51

Zu wählen wissen. Das Meiste im Leben hängt davon ab. Es erfordert guten Geschmack und richtiges Urtheil: denn weder Gelehrsamkeit noch Verstand reichen aus. Ohne Wahl ist keine Vollkommenheit: jene schließt in sich, daß man wählen könne, und das Beste. Viele, von fruchtbarem und gewandtem Geist, scharfem Verstande, Gelehrsamkeit und Umsicht, wenn sie zum Wählen kommen, gehn dennoch zu Grunde: sie ergreifen allemal das Schlechtste, als ob sie es darauf anlegten, irre zu gehn. Also ist dieses eine der größten Gaben von Oben.

52

Nie aus der Fassung gerathen. Ein großer Punkt der Klugheit, nie sich zu entrüsten. Es zeigt einen ganzen Mann, von großem Herzen an: denn alles

Große ist schwer zu bewegen. Die Affekten sind die krankhaften Säfte der Seele, und an jedem Übermaaße derselben erkrankt die Klugheit: steigt gar das Übel bis zum Munde hinaus; so läuft die Ehre Gefahr. Man sei daher so ganz Herr über sich und so groß, daß weder im größten Glück, noch im größten Unglück, man die Blöße einer Entrüstung gebe, vielmehr, als über jene erhaben, Bewundrung gebiete.

53

Thätigkeit und Verstand. Was dieser ausführlich durchdacht hat, führt jene rasch aus. Eilfertigkeit ist eine Eigenschaft der Dummköpfe: weil sie den Punkt des Anstoßes nicht gewahr werden, gehn sie ohne Vorkehr zu Werke. Dagegen pflegen die Weisen eher durch Zurückhaltung zu fehlen: denn das Vorhersehn gebiert Vorkehrungen: und so vereitelt Mangel an Thatkraft bisweilen die Früchte des richtigen Urtheils. Schnelligkeit ist die Mutter des Glücks. Wer nichts auf Morgen ließ, hat viel gethan. Eile mit Weile, war ein recht Kaiserlicher Wahlspruch.

54

Haare auf den Zähnen haben. Den todten Löwen zupfen sogar die Haasen an der Mähne. Mit der Tapferkeit läßt sich nicht Scherz treiben. Gibst du dem Ersten nach, so mußt du es auch dem Andern und so bis zum Letzten, und spät zu siegen, hast du die selbe Mühe, die dir gleich Anfangs viel mehr genutzt hätte. Der geistige Muth übertrifft die körperliche Kraft: er sei ein Schwerdt, das stets in der Scheide der Klugheit ruht, für die Gelegenheit bereit. Er ist der Schirm der Person: die geistige Schwäche setzt mehr herab als die körperliche. Viele hatten außerordentliche Fähigkeiten, aber weil es ihnen an Herz fehlte, lebten sie wie Todte und endigten begraben in ihrer Unthätigkeit. Nicht ohne Absicht hat die sorgsame Natur, in der Biene, die Süße des Honigs mit der Schärfe des Stachels verbunden. Sehnen und Knochen hat der Leib; so sei der Geist auch nicht lauter Sanftmuth.

55

Warten können. Es beweist ein großes Herz mit Reichthum an Geduld, wenn man nie in eiliger Hitze, nie leidenschaftlich ist. Erst sei man Herr über sich; so wird man es nachher über Andre seyn. Nur durch die weiten Räume der Zeit gelangt man zum Mittelpunkte der Gelegenheit. Weise Zurückhaltung bringt die richtigen, lange geheim zu haltenden Beschlüsse zur Reife. Die Krücke der Zeit richtet mehr aus als die eiserne Keule des Herkules. Gott selbst züchtigt nicht mit dem Knittel, sondern mit der Zeit. Es war ein großes Wort: »die Zeit und ich nehmen es mit zwei Andern auf.«* Das Glück selbst krönt das Warten durch die Größe des Lohns.

* Dies soll Philipp der Zweite gesagt haben.

56

Geistesgegenwart haben. Sie entspringt aus einer glücklichen Schnelligkeit des Geistes. Für sie giebt es keine Gefahren noch Unfälle, Kraft ihrer Lebendigkeit und Aufgewecktheit. Manche denken viel nach, um nachher Alles zu verfehlen: Andre treffen Alles, ohne es vorher überlegt zu haben. Es giebt antiparastatische Genies, die erst in der Klemme am besten wirken: sie sind eine Art Ungeheuer, denen aus dem Stegreif Alles, mit Überlegung nichts gelingt: was ihnen nicht gleich einfällt, finden sie nie: in ihrem Kopfe ist kein Appellationshof. Die Raschen also erlangen Beifall, weil sie den Beweis einer gewaltigen Fähigkeit, Feinheit im Denken und Klugheit im Thun ablegen.

57

Sichrer sind die Überlegten: schnell genug geschieht was gut geschieht. Was sich auf der Stelle macht, kann auch auf der Stelle wieder zu nichte werden: aber was eine Ewigkeit dauern soll, braucht auch eine, um zu Stande zu kommen. Nur die Vollkommenheit gilt, und nur das Gelungene hat Dauer. Verstand und Gründlichkeit schaffen unsterbliche Werke. Was viel werth ist, kostet viel. Ist doch das edelste Metall das schwerste.

58

Sich anzupassen verstehn. Nicht Allen soll man auf gleiche Weise seinen Verstand zeigen, und nie mehr

Kraft verwenden, als grade nöthig ist. Nichts werde verschleudert, weder vom Wissen, noch vom Leisten. Der gescheute Falkonier läßt nicht mehr Vögel steigen, als die Jagd erfordert. Man lege nicht immer Alles zur Schau: sonst wird es Morgen Keiner mehr bewundern. Immer habe man etwas Neues, damit zu glänzen: denn wer jeden Tag mehr aufdeckt, unterhält die Erwartung, und nie werden die Gränzen seiner großen Fähigkeiten aufgefunden.

59

Das Ende bedenken. Wenn man in das Haus des Glücks durch die Pforte des Jubels eintritt; so wird man durch die des Wehklagens wieder heraustreten, und umgekehrt. Daher soll man auf das Ende bedacht seyn, und seine Sorgfalt mehr auf ein glückliches Abgehn, als auf den Beifall beim Auftreten richten. Es ist das gewöhnliche Loos der Unglückskinder, einen gar fröhlichen Anfang, aber ein sehr tragisches Ende zu erleben. Das so gemeine Beifallsklatschen beim Auftreten ist nicht die Hauptsache. Allen wird es zu Theil; sondern das allgemeine Gefühl, das sich bei unserm Abtreten äußert. Denn die Zurückgewünschten sind selten. Wenige geleitet das Glück bis an die Schwelle: so höflich es gegen die Ankommenden zu seyn pflegt, so schnöde gegen die Abgehenden.

60

Gesundes Urtheil. Einige werden klug geboren: mit diesem Vortheil der angeborenen großen Obhut ihrer selbst treten sie an die Studien, und so ist ihnen die Hälfte des Weges zum Gelingen vorausgegeben: wann nun Alter und Erfahrung ihre Vernunft völlig zur Reife gebracht haben; so gelangen sie zu einem vollgültigen und richtigen Urtheil. Sie verabscheuen eigensinnige Grillen jeder Art, als Verführerinnen der Klugheit, zumal in Staatsangelegenheiten, welche, wegen ihrer hohen Wichtigkeit, vollkommne Sicherheit erfordern. Solche Leute verdienen am Staatsruder zu stehn, sei es zur Lenkung, oder zum Rath.

61

Das Höchste, in der höchsten Gattung: ein gar einziger Vorzug, bei der Menge und Verschiedenheit der Vollkommenheiten. Es kann keinen großen Mann geben, der nicht in irgend etwas alle Andern überträfe. Mittelmäßigkeiten sind kein Gegenstand der Bewundrung. Die höchste Trefflichkeit in einem hervorstechenden Berufe kann allein uns aus der Menge der Gewöhnlichen herausheben und unter die Zahl der Seltenen versetzen. Ausgezeichnet seyn in einem geringen Berufe, heißt Etwas seyn, indem, was wenig ist: was es am Angenehmen voraus haben mag, büßt es am Rühmlichen ein. Das Höchste leisten, und in der vorzüglichen Gattung, drückt uns gleichsam einen Souveränitätscharakter auf, gebietet Bewundrung und gewinnt die Herzen.

62

Sich guter Werkzeuge bedienen. Einige wollen, daß die Nichtswürdigkeit ihrer Werkzeuge ihren eignen Scharfsinn zu verherrlichen diene: eine gefährliche Genugthuung, welche vom Schicksal eine Züchtigung verdient. Nie hat die Trefflichkeit des Ministers die Größe seines Herrn verringert: vielmehr fällt der Ruhm des Gelungenen stets auf die Hauptursache zurück, wie auch, beim Gegentheil, der Tadel. Die Fama hält sich immer an die Hauptpersonen: sie sagt nie: der hatte gute, dieser schlechte Diener; – sondern: der war ein guter, dieser ein schlechter Künstler. Also wähle man sie, prüfe man sie: denn einen unvergänglichen Ruhm hat man in ihre Hände zu legen.

63

Es ist ein großer Ruhm, der Erste in der Art zu seyn, und zwiefach, wenn Vortrefflichkeit dazu kommt. Großen Vortheil hat der Banquier, der mit den Karten in der Hand spielt: er gewinnt, wenn die Partie gleich ist. Mancher wäre ein Phönix in seinem Beruf gewesen; hätte er keine Vorgänger gehabt. Die Ersten jeder Art gehn mit dem Majorat des Ruhms davon: den Übrigen bleiben eingeklagte Alimente: was sie auch immer thun mögen, so können sie den gemeinen Flecken, Nachahmer zu seyn, nicht abwaschen. Nur der Scharfsinn außerordentlicher Geister bricht neue Bahnen zur Auszeichnung, und zwar so, daß für die dabei laufende Gefahr die Klugheit gutsagt. Durch die

Neuheit ihres Unternehmens haben Weise einen Platz in der Matrikel der großen Männer erworben. Manche mögen lieber die Ersten in der zweiten Klasse, als die Zweiten in der ersten seyn.

64

Übel vermeiden und sich Verdrießlichkeiten ersparen, ist eine belohnende Klugheit. Vielen weiß die Vorsicht aus dem Wege zu gehn: sie ist die Lucina des Glücks und dadurch der Zufriedenheit. Schlimme Nachrichten soll man nicht überbringen; noch weniger empfangen: den Eingang soll man ihnen untersagen, wenn es nicht der der Hülfe ist. Einige haben nur für die Süßigkeit der Schmeicheleien Ohren; Andre nur für die Bitterkeit der übeln Nachrede: und Manche können nicht ohne einen täglichen Ärger leben, wie Mithridat nicht ohne Gift. Ebenfalls ist es keine Regel der Selbsterhaltung, daß man sich eine Betrübniß auf Zeit Lebens bereite, um einem Andern, und stände er uns noch so nahe, ein Mal einen Gefallen zu thun. Nie soll man gegen seine eigene Wohlfahrth sündigen, um dem zu gefallen, der seinen Rat ertheilt und aus dem Handel herausbleibt. Und bei jeder Begebenheit, wo dem Andern eine Freude, sich selber einen Schmerz bereiten hieße, ist die passende Regel, es sei besser, daß er jetzt betrübt werde, als du nachher und ohne Nachhülfe.

65

Erhabener Geschmack. Er ist der Bildung fähig, wie der Verstand. Je mehr Einsicht, desto größere Anforderungen, und, werden sie erfüllt, desto mehr Genuß. Einen hohen Geist erkennt man an der Erhabenheit seiner Neigung: ein großer Gegenstand muß es seyn, der eine große Fähigkeit befriedigt. Wie große Bissen für einen großen Mund, sind erhabene Dinge für erhabene Geister. Die trefflichsten Gegenstände scheuen ihr Urtheil, und die sichersten Vollkommenheiten verläßt das Zutrauen. Der Dinge erster Trefflichkeit sind wenige; daher sei die unbedingte Hochschätzung selten. Durch fortgesetzten Umgang theilt sich der Geschmack allmälig mit, weshalb es ein besondres Glück ist, mit Leuten von richtigem Geschmack umzugehn. Andrerseits soll man nicht ein Gewerbe daraus machen, mit Allem unzufrieden zu seyn, welches ein höchst albernes Extrem ist, und noch abscheulicher, wenn es aus Affektation, als wann es aus Verstimmung entspringt. Einige möchten, daß Gott eine andre Welt, mit ganz andern Vollkommenheiten schüfe, um ihrer ausschweifenden Phantasie ein Genüge zu thun.

66

Den glücklichen Ausgang im Auge behalten. Manche setzen sich mehr die strenge Richtigkeit der Maaßregeln zum Ziel, als das glückliche Erreichen des Zwecks: allein stets wird, in der öffentlichen Meinung, die Schmach des Mislingens die Anerkennung ihrer sorgfältigen Mühe überwiegen. Wer gesiegt hat, braucht keine Rechenschaft abzulegen. Die genaue Beschaffenheit der Umstände können die Meisten nicht sehn, sondern bloß den guten oder schlechten Erfolg: daher wird man nie in der Meinung verlieren, wenn man seinen Zweck erreicht. Ein gutes Ende übergoldet Alles, wie sehr auch immer das Unpassende der Mittel dagegen sprechen mag. Denn zu Zeiten besteht die Kunst darin, daß man gegen die Regeln der Kunst verfährt, wann ein glücklicher Ausgang anders nicht zu erreichen steht.

67

Beifällige Ämter vorziehn. Die meisten Dinge hängen von fremder Gunst ab. Die Werthschätzung ist für die Talente was der West für die Blumen: Athem und Leben. Es giebt Ämter und Beschäftigungen, die dem allgemeinen Beifallsrufe offen stehn, und andre, die zwar wichtiger sind, jedoch sich keines Ansehns erfreuen. Jene erlangen die allgemeine Gunst, weil sie vor den Augen Aller ausgeübt werden: diese, wenn sie gleich mehr vom Seltenen und Werthvollen an sich haben, bleiben in ihrer Zurückgezogenheit unbeachtet, zwar geehrt, aber ohne Beifall. Unter den Fürsten sind die siegreichen die berühmten: deshalb standen die Könige von Arragon in so hohen Ehren, als Krieger, Eroberer, große Männer. Der begabte Mann ziehe die gepriesenen Ämter vor, die Allen sichtbar sind und deren Einfluß sich auf Alle erstreckt: dann wird die allgemeine Stimme ihm unvergänglichen Ruhm verleihen.

68

Es ist von höherm Werth, Verstand, als Gedächtniß zu leihen: um so viel, als man bei diesem nur zu erinnern, bei jenem aufzufassen hat. Manche unterlassen Dinge, die grade an der Zeit wären, weil solche sich ihnen nicht darbieten: dann helfe eines Freundes Umsicht auf die Spur des Passenden. Eine der größten Geistesgaben ist die, daß Einem sich darbiete, was Noth thut: weil es daran fehlt, unterbleiben manche Dinge, die gelungen wären. Theile sein Licht mit, wer es hat, und bewerbe sich darum, wer dessen bedarf; jener mit Zurückhaltung, dieser mit Aufmerksamkeit. Man gebe nicht mehr, als ein Stichwort: diese Feinheit ist nöthig, wenn der Nutzen des Erweckenden irgend mit im Spiel ist: man zeige seine Bereitwilligkeit und gehe weiter, wenn mehr verlangt wird: hat man nun das Nein; so suche man das Ja zu finden, mit Geschick: denn das Meiste wird nicht erlangt, weil es nicht unternommen wird.

69

Sich nicht gemeiner Launenhaftigkeit hingeben. Der ist ein großer Mann, welcher nie von fremdartigen Eindrücken bestimmt wird. Beobachtung seiner selbst ist eine Schule der Weisheit. Man kenne seine gegenwärtige Stimmung und baue ihr vor: ja, man werfe sich auf's entgegengesetzte Extrem, um zwischen dem Natürlichen und Künstlichen den Punkt zu treffen, wo auf der Waage der Vernunft die Zunge einsteht. Der Anfang der Selbstbesserung ist die Selbsterkenntniß. Es giebt Ungeheuer von Verstimmtheit: immer sind sie bei irgend einer Laune, und mit dieser wechseln sie die Neigungen: so immerwährend von einer niederträchtigen Verstimmung am Seile geschleppt, lassen sie sich auf grade entgegengesetzten Seiten ein. Und nicht bloß den Willen verdirbt dieser ausschweifende Hang; auch an den Verstand wagt er sich: Wollen und Erkennen wird durch ihn verschroben.

70

Abzuschlagen verstehn. Nicht Allen und nicht Alles darf man zugestehn. Jenes ist also eben so wichtig, als daß man zu bewilligen wisse. Besonders ist den Mächtigen Aufmerksamkeit darauf dringend nöthig: hier kommt viel auf die Art an. Das Nein des Einen wird höher geschätzt, als das Ja mancher Andern: denn ein vergoldetes Nein befriedigt mehr, als ein trocknes Ja. Viele giebt es, die immer das Nein im Munde haben, wodurch sie den Leuten Alles verleiden. Das Nein ist bei ihnen immer das Erste: und wenn sie auch nachher Alles bewilligen; so schätzt man es nicht, weil es durch jenes schon verleidet ist. Man soll nichts gleich rund abschlagen: vielmehr lasse man die Bittsteller Zug vor Zug von ihrer Selbsttäuschung zurückkommen. Auch soll man nie etwas ganz und gar verweigern: denn das hieße jenen die Abhängigkeit aufkündigen:

man lasse immer noch ein wenig Hoffnung übrig, die Bitterkeit der Weigerung zu versüßen. Endlich fülle man durch Höflichkeit die Lücke aus, welche die Gunst hier läßt, und setze schöne Worte an die Stelle der Werke. Ja und Nein sind schnell gesagt, erfordern aber langes Nachdenken.

71

Nicht ungleich seyn: nicht widersprechend in seinem Benehmen, weder von Natur, noch aus Affektation. Ein verständiger Mann ist stets derselbe, in allen seinen Vollkommenheiten, und erhält sich dadurch den Ruf der Gescheutheit: Veränderungen können bei ihm nur aus äußern Ursachen oder fremden Verdiensten entstehn. In Sachen der Klugheit ist die Abwechselung eine Häßlichkeit. Es giebt Leute, die alle Tage Andre sind: sogar ihr Verstand ist ungleich, noch mehr ihr Wille und bis auf ihr Glück. Was gestern das Weiße ihres Ja war, ist heute das Schwarze ihres Nein. So arbeiten sie beständig ihrem eigenen Kredit und Ansehn entgegen und verwirren die Begriffe der Andern.

72

Ein Mann von Entschlossenheit. Nicht so verderblich ist die schlechte Ausführung, als die Unentschlossenheit. Flüssigkeiten verderben weniger so lange sie fließen, als wann sie stocken. Es giebt zum Entschluß ganz unfähige Leute, die stets des fremden Antriebes bedürfen: und bisweilen entspringt dies nicht sowohl aus Verworrenheit der Urtheilskraft, die bei ihnen vielmehr sehr hell ist, als aus Mangel an Thatkraft. Schwierigkeiten auffinden, beweist Scharfsinn; jedoch noch größern das Auffinden der Auswege aus ihnen. – Andre hingegen giebt es, die nichts in Verlegenheit setzt: von umfassendem Verstande und entschlossenem Charakter, sind sie für die höchsten Stellen geboren: denn ihr aufgeweckter Kopf befördert den Geschäftsgang und erleichtert das Gelingen. Sie sind gleich mit Allem fertig: und haben sie Einer Welt Rede gestanden; so bleibt ihnen noch Zeit für eine zweite übrig. Haben sie nur erst vom Glück Handgeld erhalten; so greifen sie mit größrer Sicherheit in die Geschäfte.

73

Vom Versehn Gebrauch zu machen wissen. Dadurch helfen kluge Leute sich aus Verwickelungen. Mit dem leichten Anstande einer witzigen Wendung kommen sie oft aus dem verworrensten Labyrinth. Aus dem schwierigsten Streite entschlüpfen sie artig und mit Lächeln. Der größte aller Feldherrn setzte darin seinen Werth. Wo man etwas abzuschlagen hat, ist es eine höfliche List, das Gespräch auf andere Dinge zu lenken: und keine größre Feinheit giebt es, als nicht zu verstehn.

74

Nicht von Stein seyn. In den bevölkertesten Orten hausen die rechten wilden Thiere. Die Unzugänglichkeit ist ein Fehler, der aus dem Verkennen seiner selbst entspringt: da verändert man mit dem Stande den Charakter; wiewohl es kein passender Weg zur allgemeinen Hochachtung ist, daß man damit anfängt, Allen ärgerlich zu seyn. Ein sehenswerthes Schauspiel ist so ein unzugängliches Ungeheuer, stets von seiner trotzenden Inhumanität besessen: die Abhängigen, deren hartes Schicksal will, daß sie mit ihm zu reden haben, treten ein, wie zum Kampf mit dem Tiger, gerüstet mit Behutsamkeit und voll Furcht. Solche Leute wußten, um zu ihren Stellen zu gelangen, sich bei Allen beliebt zu machen: und jetzt da sie solche inne haben, suchen sie sich dadurch zu entschädigen, daß sie sich Allen verhaßt machen. Vermöge ihres Amtes sollten sie für Viele daseyn; sind aber, aus Trotz oder Stolz, für Keinen da. Eine feine Züchtigung für sie ist, daß man sie stehn lasse, indem man ihnen den Umgang und mit diesem die Klugheit entzieht.

75

Sich ein heroisches Vorbild wählen: mehr zum Wetteifer, als zur Nachahmung. Es giebt Muster der Größe, lebendige Bücher der Ehre. Jeder stelle sich die Größten in seinem Berufe vor, nicht sowohl um ihnen nachzuahmen, als zur Anspornung. Alexander weinte nicht über den begrabenen Achilles, sondern über sich, dessen Ruhm noch nicht recht auf die Welt gekommen war. Nichts erweckt so sehr den Ehrgeiz im Herzen, als die Posaune des fremden Ruhms. Eben das, was den Neid zu Boden wirft, ermuthigt ein edles Gemüth.

76

Nicht immer Scherz treiben. Der Verstand eines Mannes zeigt sich im Ernsthaften, welches daher mehr Ehre bringt, als das Witzige. Wer immer scherzt, ist nie der Mann für ernste Dinge. Man stellt ihn dem Lügner gleich, sofern man beiden nicht glaubt, indem man beim Einen Lügen, beim Andern Possen besorgt. Nie weiß man, ob er bei Vernunft spricht, welches so viel ist, als hätte er keine. Nichts geziemt sich weniger, als das beständige Schäkern. Manche erwerben sich den Ruf witzige Köpfe zu seyn, auf Kosten des Kredits für gescheute Leute zu gelten. Sein Weilchen mag der Scherz haben, aber alle übrige Zeit gehöre dem Ernst.

77

Sich Allen zu fügen wissen: ein kluger Proteus: gelehrt mit dem Gelehrten, heilig mit dem Heiligen. Eine große Kunst, um Alle zu gewinnen: denn die Übereinstimmung erwirbt Wohlwollen. Man beobachte die Gemüther und stimme sich nach dem eines Jeden. Man lasse sich vom Ernsten und vom Jovialen mit fortreißen, indem man eine politische Verwandlung mit sich vornimmt. Abhängigen Personen ist diese Kunst dringend nöthig. Aber als eine große Feinheit erfordert sie viel Talent: weniger schwer wird sie dem Mann, dessen Kopf in Kenntnissen und dessen Geschmack in Neigungen vielseitig ist.

78

Kunst im Unternehmen. Die Dummheit fällt allemal mit der Thüre ins Haus: denn alle Dummen sind verwegen. Dieselbe Einfalt, welche ihnen die Aufmerksamkeit Vorkehrungen zu treffen benimmt, macht sie nachher gefühllos gegen den Schimpf des Mißlingens. Hingegen gehen die Klugen mit großer Vorsicht zu Werke. Ihre Kundschafter sind Aufpassen und Behutsamkeit: diese gehn forschend voran, damit man ohne Gefahr auftreten könne. Jede Verwegenheit ist von der Klugheit zum Untergang verurtheilt; wenn auch bisweilen das Glück sie begnadigt. Mit Zurückhaltung muß man vorschreiten, wo tiefer Grund zu fürchten ist. Die Schlauheit gehe spürend voran, bis die Vorsicht allmälig Grund und Boden gewinnt. Heut zu Tage sind im menschlichen Umgang große Untiefen: man muß bei jedem Schritt das Senkblei gebrauchen.

79

Joviales Gemüth. Wenn mit Mäßigung, ist es eine Gabe, kein Fehler. Ein Gran Munterkeit würzt Alles. Die größten Männer treiben auch bisweilen Possen, und es macht sie bei Allem beliebt; jedoch verlieren sie dabei nie die Rücksichten der Klugheit, noch die Achtung vor dem Anstand aus den Augen. Andre wiederum helfen sich durch einen Scherz auf dem kürzesten Wege aus Verwickelungen: denn es giebt Dinge, die man als Scherz nehmen muß, und bisweilen sind es grade die, welche der Andre am ernstlichsten gemeint hat. Man legt dadurch Friedfertigkeit an den Tag, die ein Magnet der Herzen ist.

80

Bedacht im Erkundigen. Man lebt hauptsächlich auf Erkundigung. Das Wenigste ist, was wir sehn: wir leben auf Treu und Glauben. Nun ist aber das Ohr die Nebenthüre der Wahrheit, die Hauptthüre der Lüge. Die Wahrheit wird meistens gesehn, nur ausnahmsweise gehört. Selten gelangt sie rein und unvermischt zu uns, am wenigsten wann sie von Weitem kommt: da hat sie immer eine Beimischung von den Affekten, durch die sie gieng. Die Leidenschaft färbt Alles was sie berührt mit ihren Farben, bald günstig, bald ungünstig. Sie bezweckt immer irgend einen Eindruck: daher leihe man nur mit großer Behutsamkeit sein Ohr dem Lober, mit noch größerer dem Tadler. In diesem Punkt ist unsre ganze Aufmerksamkeit vonnöthen, damit wir die Absicht des Vermittelnden herausfinden und schon zum voraus sehn, mit welchem Fuß er vortritt. Die schlaue Überlegung sei der Wardein des Übertriebenen und des Falschen.

81

Seinen Glanz erneuern. Es ist das Vorrecht des Phönix. Die Trefflichkeiten werden alt, und mit ihnen der Ruhm: ein mittelmäßiges Neues sticht oft das Ausgezeichneteste, wenn es alt geworden ist, aus. Man bewirke also seine Wiedergeburt, in der Tapferkeit, im Genie, im Glück, in Allem. Man trete mit neuen glänzenden Sachen hervor und gehe, wie die Sonne, wiederholt auf. Auch wechsele man den Schauplatz seines Glanzes, damit hier das Entbehren Verlangen, dort die Neuheit Beifall erwecke.

82

Nichts bis auf die Hefen leeren, weder das Schlimme, noch das Gute. Ein Weiser* führte auf Mäßigung die ganze Weisheit zurück. Das größte Recht wird zum Unrecht; und drückt man die Apfelsine zu sehr, so giebt sie zuletzt das Bittre. Auch im Genuß gehe man nie aufs Äußerste. Sogar der Geist wird stumpf, wenn man ihn bis aufs Letzte anstrengt: und Blut statt Milch erhält, wer auf eine grausame Weise abzapft.

83

Sich verzeihliche Fehler erlauben: denn eine Nachlässigkeit ist zu Zeiten die größte Empfehlung der Talente. Der Neid übt einen niederträchtigen, frevelhaften Ostracismus aus. Dem ganz Vollkommnen wird er es zum Fehler anrechnen, daß es keine Fehler hat, und wird es als ganz vollkommen ganz verurtheilen. Er wird zum Argus, um am Vortrefflichen Makel zu suchen, wenn auch nur zum Trost. Der Tadel trifft, wie der Blitz, gerade die höchsten Leistungen. Daher schlafe Homer bisweilen, und man affektiere einige Nachlässig-

* Aristoteles.

keiten, sei es im Genie, sei es in der Tapferkeit, – jedoch nie in der Klugheit, – um das Miswollen zu besänftigen, daß es nicht berste vor Gift. Man werfe gleichsam dem Stier des Neides den Mantel zu, die Unsterblichkeit zu retten.

84

Von den Feinden Nutzen ziehn. Man muß alle Sachen anzufassen verstehn, nicht bei der Schneide, wo sie verletzen, sondern beim Griff, wo sie beschützen; am meisten aber das Treiben der Widersacher. Dem Klugen nützen seine Feinde mehr, als dem Dummen seine Freunde. Das Miswollen ebnet oft Berge von Schwierigkeiten, mit welchen es aufzunehmen, die Gunst sich nicht getraute. Vielen haben ihre Größe ihre Feinde auferbaut. Gefährlicher als der Haß ist die Schmeichelei, weil diese die Flecken verhehlt, die jener auszulöschen arbeitet. Der Kluge macht aus dem Groll einen Spiegel, welcher treuer ist als der der Zuneigung, und beugt dann der Nachrede seiner Fehler vor, oder bessert sie. Denn die Behutsamkeit wird groß, wann Nebenbulerei und Miswollen die Grenznachbarn sind.

85

Nicht die Manille seyn.* Es ist ein Gebrechen alles Vortrefflichen, daß sein vieler Gebrauch zum Mißbrauch wird. Grade das Streben Aller danach führt zuletzt dahin, daß es Allen zum Ekel wird.

* Ausdruck aus dem L'Hombre-Spiel.

Zu nichts zu taugen, ist ein großes Unglück; ein noch größres aber zu Allem taugen zu wollen: solche Leute verlieren durch zu vieles Gewinnen, und werden zuletzt Allen so sehr zum Abscheu, als sie Anfangs begehrt waren. Diese Manillen nutzen die Vollkommenheit jeder Art an sich ab: und nachdem sie aufgehört haben als selten geschätzt zu werden, werden sie als gemein verachtet. Das einzige Mittel gegen ein solches Extrem ist, daß man im Glänzen ein Maaß beobachte: das Übermäßige sei in der Vollkommenheit selbst; im Zeigen derselben aber sei Mäßigung. Je mehr eine Fackel leuchtet, desto mehr verzehrt sie sich und verkürzt ihre Dauer. Kargheit im Sichzeigen erhält erhöhte Werthschätzung zum Lohn.

86

Übler Nachrede vorbeugen. Der große Haufen hat viele Köpfe, und folglich viele Augen zur Misgunst und viele Zungen zur Verunglimpfung. Geschieht es, daß unter ihm irgend eine üble Nachrede in Umlauf kommt; so kann das größte Ansehn darunter leiden; wird solche gar zu einem gemeinen Spitznamen; so kann sie die Ehre untergraben. Den Anlaß giebt meistens irgend ein hervorstechender Übelstand, ein lächerlicher Fehler, wie denn dergleichen der passendeste Stoff zum Geschwätze ist. Oft aber auch ist es die Tücke Einzelner, welche der allgemeinen Bosheit Verunglimpfungen zuführt. Denn es giebt Lästermäuler, und diese richten einen großen Ruf schneller durch ein Witzwort, als durch einen offen hingeworfenen, frechen Vorwurf zu Grunde. Man kommt gar leicht in schlechten Ruf, weil das Schlechte sehr glaublich ist; sich rein zu waschen, hält aber schwer. Der kluge Mann vermeide also solche Unfälle und stelle der Unverschämtheit des gemeinen Haufens seine Wachsamkeit entgegen: denn leichter ist das Verhüten, als die Abhülfe.

87

Bildung und Eleganz. Der Mensch wird als ein Barbar geboren und nur die Bildung befreit ihn von der Bestialität. Die Bildung macht den Mann, und um so mehr, je höher sie ist. Kraft derselben durfte Griechenland die ganze übrige Welt Barbaren heißen. Die Unwissenheit ist sehr roh: nichts bildet mehr als Wissen. Jedoch das Wissen selbst ist ungeschlacht, wenn es ohne Eleganz ist. Nicht allein unsre Kenntnisse müssen elegant seyn, sondern auch unser Wollen und zumal unser Reden. Es giebt Leute von natürlicher Eleganz, von innerer und äußerer Zierlichkeit, im Denken, im Reden, im Putz des Leibes, welcher der Rinde zu vergleichen ist, wie die Talente des Geistes, der Frucht. Andre dagegen sind so ungehobelt, daß Alles was ihr ist, ja zuweilen ausgezeichnete Trefflichkeiten, eine unerträgliche, barbarische Ungeschlachtheit verunstaltet.

88

Das Betragen sei großartig, Erhabenheit anstrebend. Der große Mann darf nicht kleinlich in seinem Verfahren seyn. Nie muß man in den Angelegenheiten zu sehr ins Einzelne gehn, am wenigsten wenn sie verdrießlicher Art sind: denn, obschon es ein Vortheil ist, Alles gelegentlich zu bemerken, so ist es doch keiner, Alles absichtlich untersuchen zu wollen. Gewöhnlich gehe man mit einer edlen Allgemeinheit zu Werke, die zum vornehmen Anstand gehört. Bei der Lenkung Andrer ist eine Hauptsache das Nicht-sehn-wollen. Die meisten Dinge muß man unbeachtet hingehn lassen, zwischen Verwandten, Freunden und zumal zwischen Feinden. Alles Übermaaß ist widerlich, und am Meisten bei verdrießlichen Dingen. Das abermals und immer wieder auf einen Verdruß Zurückkommen ist eine Art Verrücktheit. Das Betragen eines Jeden wird gemeiniglich ausfallen, nachdem sein Herz und sein Verstand ist.

89

Kenntniß seiner selbst, an Sinnesart, an Geist, an Urtheil, an Neigungen. Keiner kann Herr über sich seyn, wenn er sich nicht zuvor begriffen hat. Spiegel giebt es für das Antlitz, aber keine für die Seele: daher sei ein solcher das verständige Nachdenken über sich: allenfalls vergesse man sein äußeres Bild, aber erhalte sich das innere gegenwärtig, um es zu verbessern, zu vervollkommnen: man lerne die Kräfte seines Verstandes und seine Feinheit zu

Unternehmungen kennen: man untersuche seine Tapferkeit, zum Einlassen in Händel: man ergründe seine ganze Tiefe und wäge seine sämmtlichen Fähigkeiten, zu Allem.

90

Kunst lange zu leben. Gut leben. Zwei Dinge werden schnell mit dem Leben fertig: Dummheit und Liederlichkeit. Die Einen verlieren es, weil sie es zu bewahren nicht den Verstand, die Andern weil sie nicht den Willen haben. Wie Tugend ihr eigner Lohn, ist Laster seine eigne Strafe. Wer eifrig dem Laster lebt, endigt bald im zwiefachen Sinn: wer eifrig der Tugend lebt, stirbt nie. Die Untadelhaftigkeit der Seele theilt sich dem Leibe mit: und ein gutgeführtes Leben wird nicht nur intensive, sondern selbst extensive ein langes seyn. –

91

Nie bei Skrupeln über Unvorsichtigkeit zum Werke schreiten. Die bloße Besorgnis des Mislingens im Handelnden, ist schon völlige Gewißheit im Zuschauer, zumal wenn er ein Nebenbuler ist. Wenn schon in der ersten Hitze des Unternehmens die Urtheilskraft Skrupel hegte; so wird sie nachher, im leidenschaftslosen Zustand, das Verdammungsurtheil offenbarer Thorheit aussprechen. Handlungen, an deren Vorsichtigkeit wir zweifeln, sind gefährlich, und sichrer wäre das Unterlassen. Die Klugheit läßt sich nicht auf Wahrscheinlichkeiten ein: sie wandelt stets am hellen Mittagslichte der

Vernunft. Wie soll ein Unternehmen gut ablaufen, dessen Entwurf schon die Besorgniß verurtheilt? Und wenn die durchdachtesten, vom *Nemine discrepante* unsers Innern bestätigten Beschlüsse oft einen unglücklichen Ausgang nehmen; was haben solche zu erwarten, die bei schwankender Vernunft und Schlimmes augurierender Urtheilskraft gefaßt wurden?

92

Überschwenglicher Verstand. Ich meine, in Allem. Die erste und höchste Regel zum Handeln und zum Reden, nothwendiger je höher unsre Stellung ist, heißt: ein Gran Klugheit ist besser als Centner Spitzfindigkeiten. Dabei wandelt man sicher, wenn auch nicht mit so lautem Beifall; obwohl der Ruf der Klugheit der Triumph des Ruhmes ist. Es sei hinlänglich, den Gescheuten genügt zu haben, deren Urtheil der Probierstein gelungener Thaten ist.

93

Universalität. Ein Mann, der alle Vollkommenheiten vereint, gilt für Viele. Indem er den Genuß derselben seinem Umgange mittheilt, verschönert er das Leben. Abwechselung mit Vollkommenheit gewährt die beste Unterhaltung. Es ist eine große Kunst, sich alles Gute aneignen zu können. Und da die Natur aus dem Menschen, indem sie ihn so hoch stellte, einen Inbegriff ihrer ganzen Schöpfung gemacht hat; so mache ihn nun auch die Kunst zu einer kleinen Welt, durch Übung und Bildung des Verstandes und des Geschmacks.

94

Unergründlichkeit der Fähigkeiten. Der Kluge verhüte, daß man sein Wissen und sein Können bis auf den Grund ermesse, wenn er von Allen verehrt seyn will. Er lasse zu, daß man ihn kenne, aber nicht daß man ihn ergründe. Keiner muß die Grenzen seiner Fähigkeiten auffinden können; wegen der augenscheinlichen Gefahr einer Enttäuschung. Nie gebe er Gelegenheit, daß Einer ihm ganz auf den Grund komme. Denn größre Verehrung erregt die Muthmaaßung und der Zweifel über die Ausdehnung der Talente eines Jeden, als die genaue Kundschaft davon, so große sie auch immer seyn mögen.

95

Die Erwartung rege erhalten: man muß sie stets zu kirren wissen: das Viele verspreche noch mehr: die glänzendeste That kündige noch glänzendere an. Man muß nicht seinen ganzen Rest an den ersten Wurf setzen. Ein großer Kunstgriff ist, daß man sich zu mäßigen wisse, im Anwenden seiner Kräfte und seines Wissens, so daß man immer mehr und mehr die Erwartungen befriedigen könne.

96

Die große Obhut seiner selbst. Sie ist der Thron der Vernunft, die Grundlage der Vorsicht und durch sie gelingt Alles leicht. Sie ist eine Gabe des Himmels, und als die erste und größte, die wünschenswertheste. Sie ist das Hauptstück der Rüstung und von so großer Wichtigkeit, daß die Abwesenheit keines andern den Mann unvollständig macht, sondern nur als ein mehr oder minder bemerkt wird. Alle Handlungen des Lebens hängen von ihrem Einfluß ab, und sie ist zu allen erfordert: denn Alles muß mit Verstand geschehn. Sie besteht in einem natürlichen Hange zu Allem, was der Vernunft am angemessensten ist, wodurch man bei allen Fällen das Richtigste ergreift.

97

Ruf erlangen und behaupten: es ist die Benutzung der Fama. Der Ruf ist schwer zu erlangen: denn er entsteht nur aus ausgezeichneten Eigenschaften: und diese sind so selten, als die mittelmäßigen häufig. Ein Mal erlangt aber, erhält er sich leicht. Er legt Verbindlichkeiten auf; aber er wirkt noch mehr. Geht er, wegen der Erhabenheit seiner Ursache und seiner Sphäre, bis zur Verehrung; so verleiht er uns eine Art Majestät. Jedoch ist nur der wirklich gegründete Ruf von unvergänglicher Dauer.

98

Sein Wollen nur in Ziffernschrift. Die Leidenschaften sind die Pforten der Seele. Das praktischeste Wissen besteht in der Verstellungskunst. Wer mit offenen Karten spielt, läuft Gefahr zu verlieren.

Die Zurückhaltung des Vorsichtigen kämpfe gegen das Aufpassen des Forschenden: gegen Luchse an Spürgeist, Tintenfische* an Versteckheit. Selbst unsern Geschmack darf Keiner kennen; damit man ihm nicht begegne, entweder durch Widerspruch oder durch Schmeichelei.

99

Wirklichkeit und Schein. Die Dinge gelten nicht für das, was sie sind; sondern für das, was sie scheinen. Selten sind die, welche ins Innere schauen, und Viele die, welche sich an den Schein halten. Recht zu haben, reicht nicht aus; wenn mit dem Schein der Arglist.

100

Ein vorurtheilsfreier Mann, ein weiser Christ, ein philosophischer Hofmann – seyn, aber nicht scheinen, geschweige affektieren. Die Philosophie ist außer Ansehn gekommen: und doch war sie die höchste Beschäftigung der Weisen. Die Wissenschaft der Denker hat alle Achtung verloren. Seneca führte sie in Rom ein; eine Zeit lang fand sie Gunst bei Hofe: jetzt gilt sie für eine Ungebührlichkeit. Und doch war stets die Aufdeckung des Trugs die Nahrung des denkenden Geists, die Freude der Rechtschaffenen.

* Bekanntlich läßt die Sepia oder der Tintenfisch, wann verfolgt, ihren braunen Farbestoff von sich, das Wasser zu verdunkeln.

101

Die eine Hälfte der Welt lacht über die andre, und Narren sind Alle. Jedes ist gut, und Jedes ist schlecht; wie es die Stimmen wollen. Was Dieser wünscht, haßt Jener. Ein unerträglicher Narr ist, wer Alles nach seinen Begriffen ordnen will. Nicht von Einem Beifall allein hängen die Vollkommenheiten ab. So viele Sinne als Köpfe, und so verschiedne. Es giebt keinen Fehler, der nicht seinen Liebhaber fände: auch dürfen wir nicht den Muth verlieren, wenn unsre Sachen Einigen nicht gefallen: denn Andre werden nicht ausbleiben, die sie zu schätzen wissen: aber auch über den Beifall dieser, darf man nicht eitel werden: denn wieder Andre werden sie verwerfen. Die Richtschnur der wahren Zufriedenheit ist der Beifall berühmter Männer und die in dieser Gattung eine Stimme haben. Man lebt nicht von Einer Stimme, noch von Einer Mode, noch von Einem Jahrhundert.

102

Für große Bissen des Glücks einen Magen haben. Am Leibe der Gescheutheit ist ein nicht unwichtiger Theil ein großer Magen: denn das Große besteht aus großen Theilen. Große Glücksfälle setzen den nicht in Verlegenheit, der noch größrer würdig ist. Was Manchem schon Überfüllung, ist dem Andern noch Hunger. Vielen giebt ein ansehnliches Gericht gleich Unverdaulichkeit, wegen der Kleinheit ihrer Natur, die zu hohen Ämtern weder geboren, noch erzogen ist: ihr Benehmen zeigt danach gleich eine gewisse Säure, die von der unverdienten Ehre aufsteigenden Dämpfe machen ihnen den Kopf schwindlich, wodurch sie an hohen Orten große Gefahr laufen, und sie möchten platzen, weil ihr Glück in ihnen keinen Raum findet. Dagegen zeige der große Mann, daß er noch viel Gelaß für größere Dinge hat und mit besondrer Sorgfalt meide er Alles, was Anzeichen eines kleinen Herzens geben könnte.

103

Jeder sei, in seiner Art, majestätisch. Wenn er auch kein König ist, müssen doch alle seine Handlungen, nach seiner Sphäre, eines Königs würdig seyn und sein Thun, in den Grenzen seines Standes und Berufs, königlich. Erhaben seien seine Handlungen, von hohem Flug seine Gedanken und in allem seinem Treiben stelle er einen König an Verdienst, wenn auch nicht an Macht dar: denn das wahrhaft Königliche besteht in der Untadelhaftigkeit der Sitten: und so wird der die Größe nicht beneiden dürfen, der ihr zum Vorbild dienen könnte. Besonders aber sollte denen, welche dem Throne näher stehn, etwas von der wahren Überlegenheit ankleben und sie sollten lieber die wahrhaft Königlichen Eigenschaften, als ein eitles Ceremoniel sich anzueignen suchen, nicht eine leere Aufgeblasenheit affektieren, sondern das wesentlich Erhabene annehmen.

104

Den Ämtern den Puls gefühlt haben. Ihre mannigfaltige Verschiedenheit zu kennen, ist eine meisterliche Kunde, die Aufmerksamkeit verlangt. Einige erfordern Muth, andre scharfen Verstand. Leichter zu verwalten sind die, wobei es auf Rechtschaffenheit, und schwerer die, wobei es auf Geschicklichkeit ankommt. Zu jenen gehört nichts weiter, als ein rechtlicher Charakter: für diese hingegen reicht alle Aufmerksamkeit und Eifer nicht aus. Es ist eine mühsame Beschäftigung, Menschen zu regieren, und vollends Narren oder Dummköpfe. Doppelten Verstand hat man nöthig bei denen, die keinen haben. Unerträglich aber sind die Ämter, welche den ganzen Menschen in Anspruch nehmen, zu gezählten Stunden, und bei bestimmter Materie: besser sind die, welche keinen Überdruß verursachen, indem sie den Ernst mit Mannigfaltigkeit versetzen: denn die Abwechselung muntert auf. Des größten Ansehns genießen die, wobei die Abhängigkeit geringer, oder doch entfernter ist. Die schlimmsten aber sind die, wegen derer man in dieser und noch mehr in jener Welt schwitzen muß.

105

Nicht lästig seyn. Der Mann von Einem Geschäft und Einer Rede pflegt sehr beschwerlich zu fallen. Die Kürze ist einnehmend und dem Geschäftsgang gemäßer. Sie ersetzt an Höflichkeit, was ihr an Ausdehnung abgeht. Das Gute, wenn kurz, ist doppelt gut; und selbst das Schlimme, wenn wenig, ist nicht so schlimm. Quintessenzen sind wirksamer als ein ganzer Wust. Auch ist es eine bekannte Wahrheit, daß weitläuftige Leute selten von vielem Verstande sind; welches sich nicht sowohl im Materiellen der Anordnung, als im Formellen des Denkens zeigt. Es giebt Leute, welche mehr zum Hinderniß, als zur Zierde der Welt dasind, unnütze Möbel, die Jeder aus dem Wege rückt. Der Kluge hüte sich lästig zu sein, und zumal den Großen, da diese ein sehr beschäftigtes Leben führen, und es schlimmer wäre, Einen von ihnen verdrießlich zu machen, als die ganze übrige Welt. Das gut Gesagte ist bald gesagt.

106

Nicht mit seinem Glücke prahlen. Es ist beleidigender, mit Stand und Würde zu prunken, als mit persönlichen Eigenschaften. Das sich breit machen ist verhaßt; man sollte am Neide genug haben. Hochachtung erlangt man desto weniger, je mehr man darauf ausgeht: denn sie hängt von der Meinung Andrer ab, weshalb man sie sich nicht nehmen kann, sondern sie von den Andern verdienen und abwarten muß. Hohe Ämter erfordern ein ihrer Ausübung angemessenes Ansehn, ohne welches sie nicht würdig verwaltet werden können: daher erhalte man ihnen die Ehre, die nöthig ist, um seiner Pflicht nachkommen zu können: man dringe nicht auf Ehrerbietung, wohl aber befördere man sie. Wer mit seinem Amte viel Aufhebens macht, verräth, daß er es nicht verdient hat und die Würde für seine Schultern zu viel ist. Wenn man ja sich geltend machen will, so sei es eher durch das Ausgezeichnete seiner Talente, als durch zufällige Äußerlichkeiten. Selbst einen König soll man mehr wegen seiner persönlichen Eigenschaften ehren, als wegen seiner äußerlichen Herrschaft.

107

Keine Selbstzufriedenheit zeigen. Man sei weder unzufrieden mit sich selbst, denn das wäre Kleinmuth, – noch selbstzufrieden, denn das wäre Dummheit. Die Selbstzufriedenheit entsteht meistens aus der Unwissenheit und wird zu einer Glückseligkeit des Unverstandes, die zwar nicht ohne Annehmlichkeit seyn mag, jedoch unserm Ruf und Ansehn nicht förderlich ist. Weil man die unendlich höhern Vollkommenheiten Andrer nicht einzusehn im Stande ist, wird man durch irgend ein gemeines und mittelmäßiges Talent in sich höchlich befriedigt. Mißtrauen ist stets klug und überdies auch nützlich, entweder um dem übeln Ausgang der Sachen vorzubeugen, oder um sich, wenn er da ist, zu trösten; da ein Unglück den nicht überrascht, der es schon fürchtete. Auch Homer schläft zu Zeiten, und Alexander fiel von seiner Höhe und aus seiner Täuschung. Die Dinge hängen von gar vielerlei Umständen ab, und was an Einer Stelle und bei Einer Gelegenheit einen Triumph feierte, wurde bei einer andern zu Schande. Inzwischen besteht die unheilbare Dummheit darin, daß die leerste Selbstzufriedenheit zu voller Blüthe aufgegangen ist und mit ihrem Saamen immer weiter wuchert.

108

Sich gut zu gesellen verstehn, ist der kürzeste Weg ein ganzer Mann zu werden. Der Umgang ist von eingreifender Wirkung: Sitten und Geschmack teilen sich mit; die Sinnesart, ja sogar den Geist nimmt man an, ohne es zu merken. Deswegen suche der Rasche sich dem Überlegten beizugesellen, und eben so in den übrigen Sinnesarten, woraus, ohne Gewaltsamkeit, eine gemäßigte Stimmung hervorgehn wird. Es ist sehr geschickt, sich nach dem Andern stimmen zu können. Das Wechselspiel der Gegensätze verschönert, ja erhält die Welt, und was in der physischen Harmonie herbeiführt, wird es noch mehr in der moralischen. Man beobachte diese kluge Rücksicht bei der Wahl seiner Freunde und seiner Diener: denn durch die Verbindung der Gegensätze wird man einen sehr gescheuten Mittelweg treffen.

109

Kein Ankläger seyn. Es giebt Menschen von finsterer Gemüthsart, die alles zum Verbrechen stempeln, nicht von Leidenschaft, sondern von einem natürlichen Hange getrieben. Sie sprechen über Alle ihr Verdammungsurtheil aus, über Jene, für das was sie gethan haben, über Diese, für das, was sie thun werden. Es zeugt von einem grausamen, ja niederträchtigen Sinn: und sie klagen mit einer solchen Übertreibung an, daß sie aus Splittern Balken machen, die Augen damit auszustoßen. Überall sind die Zuchtmeister, die ein Elysium in eine Galeere umwandeln möchten. Kommt gar noch Leidenschaft hinzu; so treiben sie Alles aufs Äußerste. Im Gegentheil weiß ein edles Gemüth für Alles eine Entschuldigung zu finden, und wenn nicht ausdrücklich, durch Nichtbeachtung.

110

Nicht abwarten, daß man eine untergehende Sonne sei. Es ist eine Regel der Klugen, die Dinge zu verlassen, ehe sie uns verlassen. Man wisse, aus seinem Ende selbst sich ein Triumph zu bereiten. Sogar die Sonne zieht sich oft, noch bei hellem Scheine, hinter eine Wolke zurück, damit man sie nicht versinken sehe und ungewiß bleibe, ob sie untergegangen sei, oder nicht. Man entziehe sich zeitig den Unfällen, um nicht vor Beschämung vergehn zu müssen. Laßt uns nicht abwarten, daß die Welt uns den Rücken kehre und uns, noch im Gefühl lebendig, aber in der Hochachtung gestorben, zu Grabe trage. Der Kluge versetzt seinen Wettrenner bei Zeiten in den Ruhestand und wartet nicht ab, daß er mitten auf der Rennbahn niederstürzend Gelächter errege. Eine Schöne zerbreche schlau bei Zeiten ihren Spiegel, um es nicht später aus Ungeduld zu thun, wann er sie aus ihrer Täuschung gerissen hat.

111

Freunde haben. Es ist ein zweites Daseyn. Jeder Freund ist gut und weise für den Freund, und unter ihnen geht Alles gut ab. Ein jeder gilt so viel, als die Andern wollen: damit sie aber wollen, muß man ihr Herz und dadurch ihre Zunge gewinnen. Kein Zauber ist mächtiger, als erzeigte Gefälligkeit, und um Freunde zu erwerben, ist das beste Mittel, sich welche zu machen. Das Meiste und Beste, was wir haben, hängt von Andern ab. Wir müssen entweder unter Freunden, oder unter Feinden leben. Jeden Tag suche man einen zu erwerben, nicht gleich zum genauen, aber doch zum wohlwollenden Freunde: einige werden nachher, nachdem sie eine prüfende Wahl bestanden haben, als Vertraute zurückbleiben.

112

Sich Liebe und Wohlwollen erwerben: denn sogar die erste und oberste Ursache läßt solche in ihre hohen Absichten eingehn und ordnet sie an. Mittelst des Wohlwollens erlangt man die günstige Meinung. Einige verlassen sich so sehr auf ihren Werth, daß sie die Erwerbung der Gunst verschmähen. Allein der Erfahrne weiß, daß der Weg der Verdienste allein, ohne Hülfe der Gunst, ein gar sehr langer ist. Alles erleichtert und ergänzt das Wohlwollen: nicht immer setzt es die guten Eigenschaften, wie Muth, Redlichkeit, Gelehrsamkeit, sogar Klugheit, voraus; nein, es nimmt sie ohne Weiteres als vorhanden an: hingegen die garstigen Fehler sieht es nie, weil es sie nicht sehn will. Es entsteht aus der Übereinstimmung, und zwar gewöhnlich aus der materiellen, dergleichen die der Sinnesart, der Nation, der Verwandschaft, des Vaterlandes und des Amtes ist: die formelle ist höherer Art, sie ist die der Talente, der Verbindlichkeiten, des Ruhms, der Verdienste. Die ganze Schwierigkeit besteht im Erwerben des Wohlwollens; es zu erhalten ist leicht. Es läßt sich aber erlangen, und man wisse es zu nutzen.

113

Im Glück aufs Unglück bedacht seyn. Es ist eine gute Vorsorge, für den Winter im Sommer und mit mehr Bequemlichkeit den Vorrath zu sammeln. Zur Zeit des Glücks ist die Gunst wohlfeil und Überfluß an Freundschaften. Es ist gut sie zu bewahren für die Zeit des Mißgeschicks, als welche eine sehr theuere und von Allem entblößte ist. Man erhalte sich daher einen Vorrath von Freunden und Verpflichteten: denn einst wird man hoch schätzen, was man jetzt nicht achtet. Gemeine Seelen haben im Glück keine Freunde: und weil sie jetzt solche nicht kennen, werden diese dereinst im Unglück sie nicht kennen.

114

Nie ein Mitbewerber seyn. Jeder Anspruch, dem Andre sich entgegenstellen, schadet dem Ansehn: die Mitbewerber streben sogleich uns zu verunglimpfen, um uns zu verdunkeln. Wenige Menschen führen auf eine redliche Art Krieg: Die

Nebenbuler decken die Fehler auf, welche die Nachsicht vergessen hatte. Viele standen in Ansehn, so lange sie keine Nebenbuler hatten. Die Hitze des Wettstreits ruft längst abgestorbenen Schimpf ins Leben zurück und gräbt die ältesten Stänkereien wieder aus der Erde. Die Mitbewerbung hebt an mit einem Manifest von Verunglimpfungen und nimmt nicht was sie darf, sondern was sie kann zur Hülfe. Und wenn gleich oft, ja meistens, die Waffen der Herabsetzung nicht zum Zwecke führen; so suchen wenigstens durch solche die Gegner die niedrige Befriedigung der Rache, und schütteln sie dermaaßen in der Luft, daß von beschämenden Unfällen der Staub der Vergessenheit herabfliegt. Stets waren die Wohlwollenden friedlich und die Leute von Ruf und Ansehn wohlwollend.

115

Sich an die Charakterfehler seiner Bekannten gewöhnen: eben wie an häßliche Gesichter. Es ist unerläßlich, wo Verpflichtungen uns an sie knüpfen. Es giebt erschreckliche Charaktere, mit welchen man nicht leben kann: jedoch ohne sie nun auch nicht. Dann ist es geschickt, sich an sie, wie an häßliche Gesichter, allmälig zu gewöhnen, damit man nicht, bei irgend einer fürchterlichen Gelegenheit, ganz aus der Fassung gerathe. Das erste Mal erregen sie Entsetzen: allein nach und nach verlieren sie an Scheußlichkeit, und die Überlegung weiß Unannehmlichkeiten vorzubeugen, oder sie zu ertragen.

116

Sich nur mit Leuten von Ehr- und Pflicht-Gefühl abgeben. Mit solchen kann man gegenseitige Verpflichtungen eingehn. Ihre eigene Ehre ist der beste Bürge für ihr Benehmen, sogar bei Mishelligkeiten: denn sie handeln stets mit Rücksicht auf ihre Würde, daher Streit mit rechtlichen Leuten besser ist, als Sieg über unrechtliche. Mit den Verworfenen giebt es keinen sichern Umgang, weil sie keine Verpflichtung zur Rechtlichkeit fühlen: daher giebt es unter solchen auch keine wahre Freundschaft und ihre Freundschaftsbezeugungen sind nicht ächt, wenn sie es gleich scheinen, weil kein Ehrgefühl sie bekräftigt, und Leute denen dieses fehlt, halte man immer von sich ab: denn wer die Ehre nicht hochhält, hält auch die Tugend nicht hoch, indem die Ehre der Thron der Rechtlichkeit ist.

117

Nie von sich reden. Entweder man lobt sich, welches Eitelkeit, oder man tadelt sich, welches Kleinheit ist: und wie es im Sprecher Unklugheit verräth, so ist es für den Hörer eine Pein. Wenn nun dieses schon im gewöhnlichen Umgang zu vermeiden ist, wie viel mehr auf einem hohen Posten, wo man zur Versammlung redet, und wo der leichteste Schein von Unverstand schon für diesen selbst gilt. Der gleiche Verstoß gegen die Klugheit liegt im Reden von Anwesenden, wegen der Gefahr auf eine von zwei Klippen zu stoßen: Schmeichelei oder Tadel.

118

Den Ruf der Höflichkeit erwerben: denn er ist hinreichend, um beliebt zu seyn. Die Höflichkeit ist ein Hauptheil der Bildung und ist eine Art Hexerei, welche die Gunst Aller erobert, wie im Gegentheil Unhöflichkeit allgemeine Verachtung und Widerwillen erregt: wenn aus Stolz entspringend, ist sie abscheulich; wenn aus Grobheit, verächtlich. Die Höflichkeit sei allemal eher zu groß, als zu klein, jedoch nicht gleich gegen Alle, wodurch sie zur Ungerechtigkeit würde. Zwischen Feinden ist sie Schuldigkeit, damit man seinen Werth zeige. Sie kostet wenig und hilft viel: jeder Verehrer ist geehrt. Höflichkeit und Ehre haben vor andern Dingen dies voraus, daß sie bei dem, der sie erzeigt, bleiben.

119

Sich nicht verhaßt machen. Man rufe nicht den Widerwillen hervor: denn auch ungesucht kommt er gar bald von selbst. Viele verabscheuen aus freien Stücken, ohne zu wissen wofür oder warum. Ihr Übelwollen kommt selbst unsrer Zuvorkommenheit zuvor. Die Gehässigkeit unsrer Natur ist thätiger und rascher zum fremden Schaden, als die Begehrlichkeit derselben zum eignen Vortheil. Einige gefallen sich darin, mit Allen auf einem schlechten Fuß zu seyn, weil sie Überdruß empfinden oder erregen. Hat ein Mal der Haß Wurzel gefaßt; so ist er, wie der schlechte Ruf, schwer auszurotten. Leute von vielem Verstande werden gefürchtet, die von böser Zunge werden verabscheut, die Anmaßenden sind zum Ekel, die Spötter ein Gräuel, die Sonderlinge läßt man stehn. Demnach bezeuge man Hochachtung, um welche einzuerndten, und denke, daß geschätzt seyn ein Schatz ist.

120

Sich in die Zeiten schicken. Sogar das Wissen muß nach der Mode seyn, und da wo es nicht Mode ist, besteht es grade darin, daß man den Unwissenden spielt. Denkungsart und Geschmack ändern sich nach den Zeiten. Man denke nicht altmodisch, und habe einen modernen Geschmack. In jeder Gattung hat der Geschmack der Mehrzahl eine geltende Stimme: man muß ihm also für jetzt folgen und ihn zu höherer Vollkommenheit weiter zu bringen suchen. Der Kluge passe sich, in Schmuck des Geistes wie des Leibes, der Gegenwart an, wenn gleich ihm die Vergangenheit besser schiene. Bloß von der Güte des Herzens gilt diese Lebensregel nicht: denn zu jeder Zeit soll man die Tugend üben: man will heut zu Tage nicht von ihr wissen: die Wahrheit reden, oder sein Wort halten, scheinen Dinge aus einer andern Zeit: so scheinen auch die guten Leute noch aus der guten Zeit zu seyn, sind aber doch noch geliebt: inzwischen, wenn es noch welche giebt, so sind sie nicht in der Mode und werden nicht nachgeahmt. O unglückseliges Jahrhundert, wo die Tugend fremd, die Schlechtigkeit an der Tagesordnung ist! – Der Kluge lebe wie er kann, wenn nicht wie er wünschen möchte, und halte, was ihm das Schicksal zugestand, für mehr werth, als was es ihm versagte.

121

Nicht eine Angelegenheit aus dem machen, was keine ist. Wie manche aus Allem eine Klatscherei machen, so Andre aus Allem eine Angelegenheit. Immer sprechen sie mit Wichtigkeit, Alles nehmen sie ernstlich und machen eine Streitigkeit oder eine geheimnißvolle Sache daraus. Verdrießlicher Dinge darf man sich nur selten ernstlich annehmen: denn sonst würde man sich zur Unzeit in Verwickelungen bringen. Es ist sehr verkehrt, wenn man sich das zu Herzen nimmt, was man in den Wind schlagen sollte. Viele Sachen, die wirklich etwas waren, wurden zu nichts, weil man sie ruhen ließ: und aus andern, die eigentlich nichts waren, wurde viel, weil man sich ihrer annahm. Anfangs läßt sich Alles leicht beseitigen, späterhin nicht. Oft bringt die Arznei die Krankheit hervor. Und nicht die schlechteste Lebensregel ist: ruhen lassen.

122

Im Reden und Thun etwas Imponierendes haben. Dadurch setzt man sich allerorten bald in Ansehn und hat die Achtung vorweg gewonnen. Es zeigt sich in Allem, im Umgange, im Reden, im Blick, in den Neigungen, sogar im Gange. Wahrlich, ein großer Sieg, sich der Herzen zu bemeistern. Es entsteht nicht aus einer dummen Dreistigkeit, noch auch aus einem übellaunigen Wesen bei der Unterhaltung; sondern es beruht auf einer wohlgeziemenden Autorität, die aus natürlicher, von Verdiensten unterstützter Überlegenheit hervorgeht.

123

Ohne Affektation seyn. Je mehr Talente man hat, desto weniger affektiere man sie: denn solches ist die gemeinste Verunstaltung derselben. Die Affektation ist den Andern so widerlich, als dem, der sie treibt, peinlich: denn er ist ein Märtyrer der darauf zu verwendenden Sorgfalt und quält sich mit pünktlicher Aufmerksamkeit ab. Die ausgezeichnetesten Eigenschaften büßen durch Affektation ihr Verdienst ein, weil sie jetzt mehr durch Kunst erzwungen, als aus der Natur hervorgegangen scheinen: und überall gefällt das Natürliche mehr als das Künstliche. Immer hält man dafür, daß dem Affektierenden die Vorzüge, welche er affektiert, fremd sind. Je besser man eine Sache macht, desto mehr muß man die darauf verwandte Mühe verbergen, um diese Vollkommenheit als etwas ganz aus unsrer Natur Entspringendes erscheinen zu lassen. Auch soll man nicht etwa aus Furcht vor der Affektation grade in diese gerathen, indem man das Unaffektiertseyn affektiert. Der Kluge wird nie seine eignen Vorzüge zu kennen scheinen: denn grade dadurch, daß er sie nicht beachtet, werden Andre darauf aufmerksam. Doppelt groß ist der, welcher alle Vollkommenheit in sich, aber keine in seiner eignen Meinung hat: er gelangt auf einem entgegengesetzten Pfade zum Ziel des Beifalls.

124

Es dahin bringen, daß man zurückgewünscht wird. Eine so große Gunst bei den Leuten erwerben Wenige, und wenn gar noch bei den gescheuten Leuten; so ist es ein großes Glück. Gegen die Abtretenden ist Lauheit gewöhnlich. Jedoch giebt es Wege sich jenen Lohn der allgemeinen Liebe zu erwerben: ein ganz sichrer ist, daß man in seinem Amte und durch seine Talente ausgezeichnet sei, auch das Einnehmende im Betragen thut viel: durch dies Alles macht man seine Vorzüge unentbehrlich, so daß es merklich wird, daß das Amt unsrer bedurfte, nicht wir des Amtes. Einigen macht ihr Posten Ehre; Andre ihm. Das aber ist kein Ruhm, wenn ein schlechter Nachfolger uns vortrefflich macht: denn das heißt nicht, daß wir schlechthin zurückgewünscht werden; sondern nur, daß er verabscheut wird.

125

Kein Sündenregister seyn. Sich Andrer Schande angelegen seyn lassen, ist ein Zeichen, daß man selbst schon einen befleckten Ruf hat. Einige möchten mit den fremden Flecken die ihrigen zudecken, oder gar abwaschen; oder sie suchen einen Trost darin, der aber ein Trost für den Unverstand ist. Einen übelriechenden Athem haben die, welche die Kloake des Schmutzes der ganzen Stadt sind. Wer in Dingen dieser Art am meisten wühlt, wird sich am meisten besudeln. Wenige werden ohne irgend einen eigenthümlichen Fehler seyn, er liege nur hier oder dort; aber die Fehler wenig bekannter Leute sind nicht bekannt. Der Aufmerksame hüte sich, ein Sündenregister zu werden: denn das heißt ein verabscheuter Patron seyn, herzlos, wenn auch lebendig.

126

Dumm ist nicht, wer eine Dummheit begeht; sondern wer sie nachher nicht zu bedecken versteht. Seine Neigungen soll man unter Siegel halten; wie viel mehr seine Fehler. Alle Menschen begehn Fehltritte, jedoch mit dem Unterschiede, daß die Klugen die begangenen verhehlen, die Dummen aber die, welche sie erst begehn wollen, schon zum voraus lügen. Unser Ansehn beruht auf dem Geheimhalten, mehr als auf dem Thun: denn *nisi caste, tamen caute.* Die Verirrungen großer Männer sind anzusehn, wie die Verfinsterungen der großen Weltlichter. Sogar in der Freundschaft sei es eine Ausnahme, daß man seine Fehler dem Freunde nicht anvertraut; ja, sich selber sollte man sie, wenn es seyn könnte, verbergen: doch kann man hiebei mit jener andern Lebensregel helfen, welche heißt: vergessen können.

127

Edle, freie Unbefangenheit bei Allem. Diese ist das Leben der Talente, der Athem der Rede, die Seele des Thuns, die Zierde der Zierden. Alle übrigen Vollkommenheiten sind der Schmuck unsrer Natur; sie aber ist der der Vollkommenheiten selbst. Sogar im Denken wird sie sichtbar. Sie am allermeisten ist Geschenk der Natur und dankt am wenigsten der Bildung: denn selbst über die Erziehung ist sie erhaben. Sie ist mehr als Leichtigkeit, sie geht bis zur Kühnheit: sie setzt Ungezwungenheit voraus und fügt Vollkommenheit hinzu. Ohne sie ist alle Schönheit todt, alle Grazie ungeschickt: sie ist überschwenglich, geht über Tapferkeit, über Klugheit, über Vorsicht, ja über Majestät. Sie ist ein feiner Richtweg die Geschäfte abzukürzen, oder auf eine edle Art aus jeder Verwickelung zu kommen.

128

Hoher Sinn: eines der ersten Erfordernisse zu einem Helden, weil er für Größe jeder Art entflammt. Er verbessert den Geschmack, erweitert das Herz, steigert die Denkkraft, veredelt das Gemüth und erhöht das Gefühl der Würde. Bei wem auch immer er sich finden mag, erhebt er strebend das Haupt, und wenn auch bisweilen ein misgünstiges Schicksal sein Streben vereitelt; so platzt er, um zu strahlen, und verbreitet sich über den Willen, da ihm das Können gewaltsam benommen ist. Großmuth, Edelmuth und jede heldenmäßige Eigenschaft erkennen in ihm ihre Quelle.

129

Nie sich beklagen. Das Klagen schadet stets unserm Ansehn. Es dient leichter, der Leidenschaft Anderer ein Beispiel der Verwegenheit an die Hand zu geben, als uns den Trost des Mitleids zu verschaffen: denn dem Zuhörer zeigt es den Weg zu eben dem, worüber wir klagen, und die Kunde der ersten Beleidigung ist die Entschuldigung der zweiten. Einige geben durch ihre Klagen über erlittenes Unrecht zu neuem Anlaß, und indem sie Hülfe oder Trost suchen, erregen sie Schadenfreude und sogar Verachtung. Viel politischer ist es, die von dem Einen erhaltenen Gunstbezeugungen dem Andern zu rühmen, um ihn zu ähnlichen zu verpflichten: indem wir der Verbindlichkeiten erwähnen, welche wir gegen die Abwesenden fühlen, fordern wir die Anwesenden auf sich eben solche zu erwerben, und verkaufen dergestalt das Ansehn, in welchem wir bei dem Einen stehn, dem Andern. Nie also wird der Aufmerksame erlittene Unbilden oder eigene Fehler bekannt machen, wohl aber die Hochschätzung, deren er genießt: dadurch hält er seine Freunde fest und seine Feinde in den Schranken.

130

Thun und sehn lassen. Die Dinge gelten nicht für das, was sie sind, sondern für das, was sie scheinen. Werth haben und ihn zu zeigen verstehn, heißt zwei Mal Werth haben. Was nicht gesehn wird, ist als ob es nicht wäre. Das Recht selbst kann seine

Achtung nicht erhalten, wenn es nicht auch als Recht erscheint. Viel größer ist die Zahl der Getäuschten, als die der Einsichtigen. Der Betrug herrscht vor, und man beurteilt die Dinge von Außen: viele aber sind weit verschieden von dem, was sie scheinen. Eine gute Außenseite ist die beste Empfehlung der inneren Vollkommenheit.

131

Adel des Gemüths. Es giebt eine Großherzigkeit der Seele, einen Edelmuth des Geistes, dessen schöne Äußerungen den Charakter in das glänzendeste Licht stellen. Dieser Adel des Gemüths ist nicht Jedermanns Sache: denn er setzt Geistesgröße voraus. Seine erste Aufgabe ist, gut vom Feinde zu reden und noch besser an ihm zu handeln. Im größten Glanz erscheint er bei den Gelegenheiten zur Rache: diese läßt er sich nicht etwa entgehn, sondern er verbessert sie sich, indem er, grade wann er recht siegreich ist, sie zu einer unerwarteten Großmuth benutzt. Und dabei ist er doch politisch, ja sogar der Schmuck der Staatsklugheit: nie affektiert er Siege, weil er nichts affektiert: erlangt solche jedoch sein Verdienst; so verhehlt sie sein Edelmuth.

132

Zwei Mal überlegen. An Revision appellieren, giebt Sicherheit: zumal wann man mit der Sache nicht ganz im Klaren ist, gewinne man Zeit, um entweder einzuwilligen, oder sich zu verbessern. Es bieten sich neue Gründe dar, die Beschlüsse zu bekräftigen und zu bestätigen. Handelt sich's um's Geben; so wird die Gewißheit, daß die Gabe mit Überlegung verliehen sei, sie werther machen, als die Freude über die Schnelligkeit, und das lang Ersehnte wird immer am höchsten geschätzt. Muß man hingegen verweigern; so gewinnt man Zeit für die Art und Weise, wie auch um das Nein zur Reife zu bringen, daß es weniger herbe schmecke; wozu noch kommt, daß wenn die erste Hitze des Begehrens vorüber ist, nachher, bei kaltem Blut, das Zurücksetzende einer Weigerung weniger empfunden wird. Dem aber, der plötzlich und eilig bittet, soll man spät bewilligen: denn jenes ist eine List, die Aufmerksamkeit zu umgehn.

133

Besser mit Allen ein Narr, als allein gescheut, sagen politische Köpfe. Denn, wenn Alle es sind, steht man hinter Keinem zurück: und ist der Gescheute allein, wird er für den Narren gelten. So wichtig ist es dem Strohm zu folgen. Bisweilen besteht das größte Wissen im Nichtwissen oder in der Affektation desselben. Man muß mit den Übrigen leben, und die Unwissenden sind die Mehrzahl. Um allein zu leben, muß man sehr einem Gotte, oder ganz einem Thier ähnlich seyn. Doch möchte ich den Aphorismus ummodeln und sagen: besser mit den Übrigen gescheut, als allein ein Narr: denn Einige suchen Originalität in Schimären.

134

Die Erfordernisse des Lebens doppelt besitzen: dadurch verdoppelt man sein Daseyn. Man muß nicht von Einer Sache abhängig, noch auf Eine beschränkt seyn, so außerordentlich sie auch seyn möchte. Alles muß man doppelt haben, besonders die Ursachen des Fortkommens, der Gunst, des Genusses. Die Wandelbarkeit des Mondes ist überschwenglich, und sie ist die Grenze alles Bestehenden, zumal aber der Dinge, die vom menschlichen Willen abhängen, der ein gar gebrechlich Ding ist. Gegen diese Gebrechlichkeit schütze man sich durch etwas im Vorrath, und mache es zu einer Haupt-Lebensregel, die Veranlassungen des Guten und Bequemen doppelt zu haben. Wie die Natur die wichtigsten und ausgesetztesten Glieder uns doppelt verlieh, so mache die Kunst es mit dem, wovon wir abhängen.

135

Keinen Widerspruchsgeist hegen: denn er ist dumm und widerlich: man rufe seine ganze Klugheit dagegen auf. Wohl zeugt es bisweilen von Scharfsinn, daß man bei Allem Schwierigkeiten entdeckt; allein der Eigensinn hiebei entgeht nicht dem Vorwurf des Unverstandes. Solche Leute machen aus der sanften, angenehmen Unterhaltung einen kleinen Krieg, und sind so mehr die Feinde ihrer Vertrauten, als derer, die nicht mit ihnen umgehn. Im wohlschmeckendesten Bissen fühlt man am meisten die Gräte, die ihn durchbohrt, und so ist der

Widerspruch zur Zeit der Erholung. Solche Leute sind unverständig, verderblich, ein Verein des wilden mit dem dummen Thier.

136

Sich in den Materien festsetzen und den Geschäften sogleich den Puls fühlen. Viele verirren sich in den Verzweigungen eines unnützen Überlegens, oder auf dem Laubwerk einer ermüdenden Redseligkeit, ohne auf das Wesen der Sache zu treffen: sie gehn hundert Mal um einen Punkt herum, ermüden sich und Andre, kommen jedoch nie auf die eigentliche Hauptsache: dies entsteht aus einem verworrenen Begriffsvermögen, welches sich nicht herauszuwickeln fähig ist. Sie verderben Zeit und Geduld mit dem, was sie sollten liegen lassen, und beide fehlen ihnen nachher für das, was sie liegen gelassen haben.

137

Der Weise sei sich selbst genug. Jener*, der sich selbst Alles in Allem war, hatte, als er sich selbst davon trug, alles Seinige bei sich. Wenn Ein universeller Freund Rom und die ganze übrige Welt zu seyn vermag; so sei man sich selbst dieser Freund, und dann wird man allein zu leben im Stande seyn. Wen wird ein solcher Mann vermissen, wenn es keinen größern Verstand und keinen richtigern Geschmack, als den seinigen, giebt? Dann wird er bloß von sich abhängen, und es ist die höchste Seeligkeit,

* Diogenes.

dem höchsten Wesen zu gleichen. Wer so allein zu leben vermag, wird in nichts dem Thiere, in Vielem dem Weisen und in Allem Gott ähnlich seyn. (Vergl. *No.* 133.)

138

Kunst die Dinge ruhen zu lassen: und um so mehr je wüthender die Wellen des öffentlichen oder häuslichen Lebens toben. Im Treiben des menschlichen Lebens giebt es Strudel und Stürme der Leidenschaften; dann ist es klug, sich in den sichern Hafen der Furt zurückzuziehn. Oft verschlimmern die Mittel das Übel: darum lasse man hier dem Physischen, dort dem Moralischen seinen freien Lauf. Der Arzt braucht gleich viel Wissenschaft zum Nichtverschreiben wie zum Verschreiben, und oft besteht die Kunst grade in Nichtanwendung der Mittel. Die Strudel im großen Haufen zu beruhigen, sei der Weg, daß man die Hand zurückziehe und sie von selbst sich legen lasse. Ein zeitiges Nachgeben für jetzt, sichert den Sieg in der Folge. Eine Quelle wird durch eine kleine Störung getrübt, und wird nicht, indem man dazu thut, wieder helle, sondern indem man sie sich selber überläßt. Gegen Zwiespalt und Verwirrung ist das beste Mittel, sie ihren Lauf nehmen zu lassen: denn so beruhigen sie sich von selbst.

139

Die Unglückstage kennen: denn es giebt dergleichen: an solchen geht nichts gut, und ändert sich auch das

Spiel, doch nicht das Misgeschick. Auf zwei Würfen muß man die Probe gemacht haben und sich zurückziehen, je nachdem man merkt ob man seinen Tag hat, oder nicht. Alles, sogar der Verstand, ist dem Wechsel unterworfen, und Keiner ist zu jeder Stunde klug: es gehört Glück dazu, richtig zu denken, wie eben auch einen Brief gut abzufassen. Alle Vollkommenheiten hängen von Zeitperioden ab: die Schönheit hat nicht immer ihren Tag: die Klugheit versagt ihren Dienst, indem wir den Sachen bald zu wenig, bald zu viel thun: und Alles muß, um gut auszufallen, seinen Tag haben. Eben so gelingt auch Einigen alles schlecht, Andern alles gut und mit geringerer Anstrengung. Diese finden Alles schon gemacht, der Geist ist aufgelegt, das Gemüth in der besten Stimmung und der Glücksstern leuchtet. Dann muß man seinen Vortheil wahrnehmen und auch nicht das Geringste davon verloren gehn lassen. Jedoch wird der Mann von Überlegung, nicht wegen Eines Unfalls den Tag entschieden für schlecht oder im umgekehrten Fall für gut erklären: denn Jenes konnte ein kleiner Verdruß, Dieses ein glücklicher Zufall seyn.

140

Gleich auf das Gute in jeder Sache treffen. Es ist das Glück des guten Geschmacks. Die Biene geht gleich zur Süßigkeit für ihre Honigscheibe und die Schlange zur Bitterkeit für ihr Gift. So wendet auch der Geschmack Einiger sich gleich dem

Guten, Andrer dem Schlechten entgegen. Es giebt nichts, woran nicht etwas Gutes wäre, zumal ein Buch, als ein Werk der Überlegung. Allein Manche sind von einer so unglücklichen Sinnesart, daß sie unter tausend Vollkommenheiten sogleich den einzigen Fehler herausfinden, der dabei wäre, diesen nun tadeln und davon viel reden, als wahre Aufsammler aller Auswürfe des Willens und des Verstandes Andrer: so häufen sie Register von Fehlern auf, welches mehr eine Strafe ihrer schlechten Wahl, als eine Beschäftigung ihres Scharfsinnes ist: sie haben ein trauriges Leben davon, indem sie stets am Bittern zehren und Unvollkommenheiten ihre Leibspeise sind. Glücklicher ist der Geschmack Andrer, welche unter tausend Fehlern gleich auf die einzige Vollkommenheit treffen, die ihnen zufällig aufstößt.

141

Nicht sich zuhören. Sich selber gefallen, hilft wenig, wenn man den Andern nicht gefällt; und meistens straft die allgemeine Geringschätzung die selbsteigene Zufriedenheit. Wer sich selber so sehr genügt, wird es nie den Andern. Reden, und zugleich selbst zuhören wollen, geht nicht wohl: und wenn mit sich allein zu reden eine Narrheit ist, so ist es eine doppelte, sich noch vor Andern zuhören zu wollen. Es ist eine Schwäche großer Herren, mit dem Grundbaß von ›Ich sage Etwas‹ zu reden, zur Marter der Zuhörer: bei jedem Satz horchen sie nach Beifall oder Schmeichelei, und treiben die

Geduld der Klugen auf's Äußerste. Auch pflegen die Aufgeblasenen unter Begleitung eines Echos zu reden und indem ihre Unterhaltung auf dem Kothurn des Dünkels einherschreitet, ruft sie bei jedem Worte die widerliche Hülfe eines dummen »wohl gesprochen« auf.

142

Nie aus Eigensinn sich auf die schlechtere Seite stellen, weil der Gegner sich bereits auf die bessere gestellt hat. Denn sonst tritt man schon besiegt auf den Kampfplatz und wird daher nothwendig mit Schimpf und Schande abziehn müssen: mit schlechten Waffen wird man nie gut kämpfen. Im Gegner war es Schlauheit, daß er in der Erwählung des Bessern den Vorsprung gewann, im Andern aber Dummheit, daß er, um sich ihm entgegenzustellen, jetzt das Schlechtere ergriff. Dergleichen Eigensinn in Thaten bringt tiefer in die Klemme, als der in Worten; sofern mehr Gefahr beim Thun als beim Reden ist. Die Eigensinnigen zeigen ihre Gemeinheit darin, daß sie der Wahrheit zum Trotz streiten und ihrem eignen Nutzen zum Trotz processieren. Der Kluge stellt sich nie auf die Seite der Leidenschaft, sondern immer auf die des Rechts, sei es, daß er gleich Anfangs als der Erste dahin getreten, oder erst als der Zweite, indem er sich eines Bessern bedachte. Ist, im letztern Fall, der Gegner dumm, so wird er, sich jetzt im obigen Falle befindend, nun seinen Weg ändern und auf die entgegengesetzte, folglich schlechtere Seite treten. Um ihn also vom

Bessern wegzutreiben, ist das einzige Mittel es selbst zu ergreifen: denn aus Dummheit wird er es fahren lassen und durch diesen Eigensinn wird der Andre seiner entledigt.

143

Nicht, aus Besorgniß trivial zu seyn, paradox werden. Beide Extreme schaden unserm Ansehn. Jedes Unterfangen, welches der Gesetztheit zuwider läuft, ist schon der Narrheit verwandt. Das Paradoxon ist gewissermaßen ein Betrug, indem es Anfangs Beifall findet, weil es durch das Neue und Pikante überrascht: allein wann nachher die Täuschung verschwindet und seine Blößen offenbar werden, nimmt es sich sehr übel aus. Es ist eine Art Gaukelei und in Staatsangelegenheiten der Ruin des Staats. Die, welche nicht auf dem Wege der Trefflichkeit es zu wahrhaft großen Leistungen bringen können, oder sich nicht daran wagen, legen sich auf das Paradoxe: von den Thoren werden sie bewundert; aber viele kluge Leute werden an ihnen zu Propheten. Es beweist eine Verschrobenheit der Urtheilskraft: und wenn es auch bisweilen nicht auf das Falsche sich gründet, dann doch auf das Ungewisse, zur großen Gefahr wichtiger Angelegenheiten.

144

Mit der fremden Angelegenheit auftreten, um mit der seinigen abzuziehn. Es ist ein schlaues Mittel zum Zweck: allein sogar in den Angelegenheiten des

Himmels schärfen Christliche Lehrer den Gebrauch dieser List ein. Es ist eine wichtige Verstellung: denn der vorgehaltene Vortheil dient als Lockspeise, den fremden Willen zu leiten: diesem scheint *seine* Angelegenheit betrieben zu werden, und doch ist sie nur da, fremdem Vorhaben den Weg zu öffnen. Man muß nie unüberlegt vorschreiten, am wenigsten, wo der Grund gefährlich ist. Ferner auch bei Leuten, deren erstes Wort Nein zu seyn pflegt, ist es räthlich, diesem Schuß auszubeugen, und ihnen die Schwierigkeit des verlangten Zugeständnisses zu verbergen, noch viel mehr aber, wo ihnen gar die Umgestaltung schon ahnden konnte. – Dieser Rath gehört zu denen der »zweiten Absicht« (*No.* 13), welche sämmtlich von der äußersten Feinheit sind.

145

Nicht den schlimmen Finger zeigen: denn sonst trifft Alles dahin: nicht über ihn klagen: denn immer klopft die Bosheit dahin, wo es der Schwäche wehe thut. Sich zu erzürnen, würde zu nichts nützen, als den Spaaß der Unterhaltung zu erhöhen. Die böse Absichtlichkeit schleicht umher, nach Gebrechen suchend, die sie aufdecken könnte, sie schlägt mit Ruthen, die Empfindung zu prüfen, und wird den Versuch tausend Mal machen, bis sie die wunde Stelle gefunden hat. Der Aufmerksame zeige nie, daß er getroffen sei, und decke sein persönliches oder erbliches Übel niemals auf. Denn sogar das Schicksal selbst findet zuweilen Gefallen daran, uns grade da zu betrüben, wo es am meisten wehe tut. Stets treffen seine Schläge auf die wunde Stelle: daher offenbare man weder was schmerzt, noch was erfreut, damit das Eine ende, das Andre verharre.

146

In's Innere schauen: Man findet meistentheils die Dinge weit verschieden von dem, was sie schienen; und die Unwissenheit, welche nicht tiefer als die Rinde eingedrungen war, sieht, wann man zum Innern gelangt, ihre Täuschung schwinden. In Allem geht stets die Lüge voran, die Dummköpfe hinter sich ziehend am Seil ihrer unheilbaren Gemeinheit: die Wahrheit aber kommt immer zuletzt, langsam heranhinkend am Arm der Zeit: für sie bewahren daher die Klugen die andre Hälfte jener Fähigkeit auf, deren Werkzeug unsre gemeinsame Mutter uns weislich doppelt verliehen hat. Der Trug ist etwas sehr oberflächliches: daher treffen, die es selbst sind, gleich auf ihn. Das Wahre und Richtige aber lebt tief zurückgezogen und verborgen, um desto höher geschätzt zu werden von seinen Weisen und Klugen.

147

Nicht unzugänglich seyn. Keiner ist so vollkommen, daß er nicht zu Zeiten fremder Erinnerung bedürfte: von unheilbarem Unverstand ist, wer Niemanden anhören will. Sogar der Überlegenste soll freundschaftlichem Rathe Raum geben, und selbst die Königliche Macht darf nicht die Lenksamkeit ausschließen. Es giebt Leute, die rettungslos sind, weil sie sich Allem verschließen: sie stürzen sich ins Verderben, weil Keiner sich heran wagt, sie zurückzuhalten. Auch der Vorzüglichste soll der Freundschaft eine Thüre offen halten, und sie wird die der Hülfe werden. Ein Freund muß Freiheit haben, ohne Zurückhaltung zu rathen, ja zu tadeln. Diese Autorität muß ihm unsre Zufriedenheit und unsre hohe Meinung von seiner Treue und Verständigkeit erworben haben. Nicht Allen soll man leicht Berücksichtigung, oder auch nur Glauben schenken: aber im geheimen Innern seiner Vorsorge habe man einen treuen Spiegel, an einem Vertrauten, dem man Zurechtweisung und Zurückführung von Irrthümern verdanke und solche zu schätzen wisse.

148

Die Kunst der Unterhaltung besitzen: denn sie ist es, in der ein ganzer Mann sich produciert. Keine Beschäftigung im Leben erfordert größre Aufmerksamkeit: denn grade weil sie die gewöhnlichste ist, wird man durch sie sich heben, oder stürzen. Ist Behutsamkeit nöthig, einen Brief zu schreiben, welches eine überlegte und schriftliche Unterhaltung ist; wie viel mehr bei der gewöhnlichen, in der die Klugheit eine unvorbereitete Prüfung zu bestehn hat. Die Erfahrnen fühlen der Seele den Puls an der Zunge, und deshalb sagte der Weise*: sprich,

* Sokrates.

damit ich dich sehe. Einige halten dafür, daß die Kunst der Unterhaltung grade darin bestehe, daß sie kunstlos sei, indem sie locker und lose, wie die Kleidung, seyn müsse: von der Unterhaltung zwischen genauen Freunden gilt dies wohl: allein, wann mit Leuten, die Rücksicht verdienen, geführt, muß sie gehaltvoller seyn, um eben vom Gehalt des Redenden Zeugniß zu geben. Um es recht zu treffen, muß man sich der Gemüthsart und dem Verstande der Mitredenden anpassen. Auch affektiere man nicht, Worte zu kritisieren; sonst wird man für einen Grammatikus gehalten: noch weniger sei man der Fiskal der Gedanken; sonst werden Alle uns ihren Umgang entziehn und die Mittheilung theuer feil haben. Im Reden ist Diskretion viel wichtiger, als Beredsamkeit.

149

Das Schlimme Andern aufzubürden verstehn. Ein Schild gegen das Miswollen zu haben, ist eine große List der Regierenden. Sie entspringt nicht, wie Misgünstige meynen, aus Unfähigkeit, vielmehr aus der höhern Absicht, Jemanden zu haben, auf den der Tadel des Mislingens und die Strafe allgemeiner Schmähungen zurückfalle. Alles kann nicht gut ablaufen, noch kann man Alle zufrieden stellen: daher habe man, wenn auch auf Kosten seines Stolzes, so einen Sündenbock, so einen Ausbader unglücklicher Unternehmungen.

150

Seine Sachen herauszustreichen verstehn. Der innere Werth derselben reicht nicht aus: denn nicht Alle dringen bis auf den Kern, oder schauen ins Innere: vielmehr laufen die Meisten dahin, wo schon ein Zusammenlauf ist, und gehn, weil sie Andre gehn sehn. Ein großer Theil der Kunst besteht darin, seine Sache in Ansehn zu bringen, bald durch Anpreisen, denn Lob erregt Begierde; bald durch eine vortreffliche Benennung, welche einer hohen Meinung sehr förderlich ist; wobei jedoch alle Affektation zu vermeiden. Ferner ist ein allgemeines Anregungsmittel, sie bloß für die Einsichtigen zu bestimmen, da Alle sich für solche halten, und wenn etwa nicht, dann der gefühlte Mangel den Wunsch erregen wird. Hingegen muß man nie seinen Gegenstand als leicht oder gewöhnlich empfehlen, wodurch er mehr herabgesetzt, als erleichtert wird: nach dem Ungewöhnlichen haschen Alle, weil es für den Geschmack, wie für den Verstand anziehender ist.

151

Voraus denken, heute auf morgen und noch auf viele Tage. Die größte Vorsicht ist, daß man der Sorge und Überlegung besondre Stunden bestimme. Für den Behutsamen giebt es keine Unfälle und für den Aufmerksamen keine Gefahren. Man soll nicht das Denken verschieben, bis man im Sumpfe bis an den Hals steckt, es muß zum voraus geschehn. Durch die wiederholte und gereifte Überlegung komme man überall dem äußersten Mißgeschick zuvor. Das Kopfkissen ist eine stumme Sibylle; und sein Beginnen vorher beschlafen, ist besser, als nachmals darüber schlaflos zu liegen. Manche handeln erst, und denken nachher, welches heißt, weniger auf die Folgen, als auf die Entschuldigungen bedacht zu seyn; Andre weder vorher noch nachher. Das ganze Leben muß ein fortgesetztes Denken seyn, damit man des rechten Weges nicht verfehle. Wiederholte Überlegung und Vorsicht machen es möglich, unsern Lebenslauf zum voraus zu bestimmen.

152

Nie sich zu dem gesellen, durch den man in den Schatten gestellt wird; sei es dadurch, daß er über uns, oder unter uns stehe. Größre Vorzüge finden größre Verehrung: da wird der Andre immer die Hauptrolle spielen, wir die zweite: bleibt für uns ja noch einige Werthschätzung; so ist es, was er übrig läßt. Der Mond glänzt, so lange er allein bei den Sternen ist: kommt die Sonne, wird er unscheinbar, oder unsichtbar. Nie also schließe man sich dem an, durch den man verdunkelt, sondern dem, durch den man herausgehoben wird. Durch dieses Mittel konnte die kluge Fabulla, beim Martial, schön erscheinen und glänzen, wegen der Häßlichkeit und des schlechten Anzuges ihrer Begleiterinnen. Eben so wenig aber soll man durch einen schlechten Kumpan sich in Gefahr setzen, und nicht auf Kosten seines eigenen Ansehns einem

Andern Ehre erzeigen. Ist man noch im Werden, so halte man sich zu den Ausgezeichneten; aber als gemachter Mann zu den Mittelmäßigen.

153

Man hüte sich einzutreten, wo eine große Lücke auszufüllen ist: thut man es jedoch, so sei man sicher, den Vorgänger zu übertreffen: ihm nur gleich zu kommen, erfordert schon doppelten Werth. Wie es fein ist, dafür zu sorgen, daß der Nachfolger uns zurückgesehnt mache; so ist es auch schlau, zu verhüten, daß der Vorgänger uns verdunkle. Eine große Lücke auszufüllen, ist schwer: denn stets erscheint das Vergangene als das Bessere, und sogar dem Vorgänger gleich zu seyn, ist nicht hinreichend, weil er schon den Erstbesitz voraus hat. Daher muß man noch Vorzüge hinzuzufügen haben, um den Andern aus seinem Besitz der höhern Meinung herauszuwerfen.

154

Nicht leicht glauben und nicht leicht lieben. Die Reife des Geistes zeigt sich an der Langsamkeit im Glauben. Die Lüge ist sehr gewöhnlich; so sei der Glaube ungewöhnlich. Wer sich leicht hinreißen ließ, steht nachher beschämt. Inzwischen soll man seinen Zweifel an die Aussage des Andern nicht zu erkennen geben, weil dieses unhöflich, ja beleidigend wäre, indem man den Bezeugenden dadurch zum Betrüger oder zum Betrogenen macht. Sogar aber ist dies noch nicht der größte Übelstand;

sondern der, daß Ungläubigseyn selbst einen Lügner verräth; denn ein solcher leidet an zwei Übeln, dem, nicht zu glauben, und dem, keinen Glauben zu finden. Die Zurückhaltung des Urtheils ist immer klug im Hörer; der Sprecher aber berufe sich auf den, von dem er es hat. Eine verwandte Art der Unbedachtsamkeit ist das leichte Verleihen seiner Zuneigung: denn nicht nur mit Worten, sondern auch mit Werken wird gelogen, und letztere Art des Betrugs ist viel gefährlicher.

155

Die Kunst, in Zorn zu gerathen. Wenn es möglich ist, trete vernünftige Überlegung dem gemeinen Aufbrausen in den Weg: und dem Vernünftigen wird dies nicht schwer seyn. Geräth man aber in Zorn; so sei der erste Schritt, zu bemerken, daß man sich erzürnt: dadurch tritt man gleich mit Herrschaft über den Affekt auf: jetzt messe man die Nothwendigkeit ab, bis zu welchem Punkt des Zorns man zu gehn hat, und dann nicht weiter: mit dieser überlegenen Schlauheit gerathe man in und wieder aus dem Zorn. Man verstehe gut und zu rechter Zeit einzuhalten: denn das Schwierigste beim Laufen ist das Stillestehn. Ein großer Beweis von Verstand ist es, klug zu bleiben bei den Anwandlungen der Narrheit. Jede übermäßige Leidenschaft ist eine Abweichung von unsrer vernünftigen Natur. Allein bei jener meisterhaften Aufmerksamkeit wird die Vernunft nie zu Falle kommen und nicht die Schranken der großen

Obhut seiner selbst überschreiten. Um eine Leidenschaft zu bemeistern, muß man stets den Zaum der Aufmerksamkeit in der Hand behalten: dann wird man der erste ›Kluge zu Pferde‹* seyn, wo nicht gar noch auch der letzte.

156

Die Freunde seiner Wahl: denn erst nachdem der Verstand sie geprüft und das wechselnde Glück sie erprobt hat, sollen sie es seyn, erkohren, nicht bloß durch die Neigung, sondern auch durch die Einsicht. Obgleich hierin es gut zu treffen, das Wichtigste im Leben ist, wird doch die wenigste Sorgfalt darauf verwendet. Einige Freunde führt ihre Zudringlichkeit, die meisten der Zufall uns zu. Und doch wird man nach seinen Freunden beurtheilt: denn nie war Übereinstimmung zwischen dem Weisen und den Unwissenden. Inzwischen ist, daß man Geschmack an Jemanden findet, noch kein Beweis genauer Freundschaft: es kann mehr von der Kurzweil an seiner Unterhaltung, als von dem Zutrauen zu seinen Fähigkeiten herrühren. Es giebt ächte und unächte Freundschaften, diese zum Ergötzen, jene zur Fruchtbarkeit an gelungenen Gedanken und Thaten. Wenige sind Freunde der Person, die meisten der Glücksumstände. Die tüchtige Einsicht Eines Freundes nützt mehr als der gute Wille vieler Andern: daher verdanke man sie seiner Wahl, nicht dem Zufall. Ein Kluger weiß Verdrießlichkeiten zu vermeiden; aber ein dummer

* Spanisches Sprichwort: Keiner ist klug zu Pferde.

Freund schleppt sie ihm zu. Auch wünsche man seinen Freunden nicht zu großes Glück, wenn man sie behalten will.

157

Sich nicht in den Personen täuschen, welches die schlimmste und leichteste Täuschung ist. Besser, man werde im Preise, als in der Waare betrogen. Bei Menschen mehr, als bei allem Andern, es ist nöthig ins Innere zu schauen. Sachen verstehn und Menschen kennen, sind zwei weit verschiedene Dinge. Es ist eine tiefe Philosophie, die Gemüther zu ergründen und die Charaktere zu unterscheiden. So sehr als die Bücher, ist es nöthig die Menschen studiert zu haben.

158

Seine Freunde zu nutzen verstehn. Auch hiebei hat die Klugheit ihre Kunst. Einige sind gut in der Ferne, Andre in der Nähe. Mancher taugt nicht für die Unterredung, aber sehr für den Briefwechsel: denn die Entfernung nimmt einige Fehler hinweg, welche in der Nähe unerträglich waren. Nicht bloß Ergötzen, sondern auch Nutzen muß man aus seinem Freunde schöpfen: denn er muß die drei Eigenschaften besitzen, welche Einige dem Guten, Andre dem Dinge überhaupt beilegen: Einheit, Güte und Wahrheit*. Denn der Freund ist Alles in Allem. Wenige taugen zu guten Freunden, und

* Quodlibet ens est unum, verum, bonum. Satz aus der Scholastischen Philosophie.

daß man sie nicht zu wählen versteht, macht ihre Zahl noch kleiner. Sie sich erhalten, ist mehr, als sie zu erwerben wissen. Man suche solche, welche für die Dauer seyn können, und sind sie auch Anfangs neu; so beruhige man sich dabei, daß sie alt werden können. Durchaus die besten sind die von vielem Salz, wenn auch die Prüfung einen Scheffel kostet. Keine Einöde ist so traurig, als ohne Freund zu seyn. Die Freundschaft vermehrt das Gute und verteilt das Schlimme: sie ist das einzige Mittel gegen das Unglück und ist das Freiathmen der Seele.

159

Die Narren ertragen können. Stets sind die Weisen ungeduldig: denn wer sein Wissen vermehrt, vermehrt seine Ungeduld. Große Einsicht ist schwer zu befriedigen. Die erste Lebensregel, nach Epiktet, ist das Ertragenkönnen, worauf er die Hälfte der Weisheit zurückführt*. Müssen nun alle Arten von Narrheit ertragen werden; so wird es großer Geduld bedürfen. Oft haben wir am meisten von denen zu erdulden, von welchen wir am meisten abhängen: eine dienliche Übung der Selbstüberwindung. Aus der Geduld geht der unschätzbare Frieden hervor, welcher das Glück der Welt ist. Wer aber zum Dulden kein Gemüth hat, ziehe sich zurück in sich selbst, wenn er anders auch nur sich selbst wird ertragen können.

* Ανεχεσθαι και απεχεσθαι.

160

Aufmerksamkeit auf sich im Reden: wenn mit Nebenbulern, aus Vorsicht; wenn mit Andern, des Anstandes halber. Ein Wort nachzuschicken, ist immer Zeit, nie eins zurückzurufen. Man rede wie im Testament: je weniger Worte, desto weniger Streit. Beim Unwichtigen übe man sich für das Wichtige. Das Geheimnißvolle hat einen gewissen göttlichen Anstrich. Wer im Sprechen leichtfertig ist, wird bald überwunden oder überführt seyn.

161

Seine Lieblingsfehler kennen. Auch der vollkommenste Mensch wird dergleichen haben, und entweder ist er mit ihnen vermählt, oder in geheimer Liebschaft. Oft liegen sie im Geiste, und je größer dieser ist, desto größer auch sie, oder auch desto auffallender. Nicht, daß der Inhaber sie nicht kennen sollte, sondern er liebt sie: ein doppeltes Übel: leidenschaftliche Neigung, und für Fehler. Sie sind Schandflecke der Vollkommenheit und Andern so widerlich, als ihm selbst wohlgefällig. Hier nun gilt es eine kühne Selbstüberwindung, um seine übrigen Vorzüge von solchem Makel zu befreien. Denn darauf stoßen Alle: und wann sie das übrige Gute, welches sie bewundern, zu loben haben, halten sie bei diesem Anstoß still und schwärzen ihn möglichst an, zur Verunglimpfung der sonstigen Talente.

162

Über Nebenbuler und Widersacher zu triumphieren verstehn. Sie zu verachten, reicht nicht aus, wiewohl es vernünftig ist; sondern Edelmuth ist die Sache. Über jedes Lob erhaben ist, wer gut redet von dem, der von ihm schlecht redet. Keine heldenmüthigere Rache giebt es, als die der Talente und Verdienste, welche die Neider besiegen und martern. Jede neu erlangte Stufe des Glücks ist ein festeres Zuschnüren des Stranges am Halse des Mißgünstigen, und der Ruhm des Angefeindeten ist die Hölle des Nebenbulers: es ist die größte aller Strafen, denn aus dem Glück bereitet sie Gift. Nicht Ein Mal stirbt der Neider, sondern so oft als das Beifallsrufen dem Beneideten ertönt: die Unvergänglichkeit des Ruhmes des Einen ist das Maaß der Quaal des Andern: Endlos lebt Jener für die Ehre, und Dieser für die Pein. Die Posaune des Ruhms verkündigt Jenem Unsterblichkeit, Diesem den Tod durch den Strang, wenn er nicht abwarten will, daß der Neid ihn verzehrt habe.

163

Nie, aus Mitleid gegen den Unglücklichen, sein Schicksal auch zuziehn. Was für den Einen ein Mißgeschick, ist oft für den Andern die glücklichste Begebenheit: denn Keiner könnte beglückt seyn, wenn nicht viele Andre unglücklich wären. Es ist den Unglücklichen eigenthümlich, daß sie leicht den guten Willen der Leute erlangen, indem diese durch ihre unnütze Gunst die Schläge des

Schicksals ausgleichen möchten: und bisweilen sah man den, welcher auf dem Gipfel des Glücks Allen ein Abscheu war, im Unglück von Allen bemitleidet: die Rachgier gegen den Erhobenen hatte sich in Theilnahme für den Gefallenen verwandelt. Jedoch der Kluge merke auf, wie das Schicksal die Karten mischt. Leute giebt es, die man stets nur mit Unglücklichen sieht, und der, den sie als einen Beglückten gestern flohen, steht heute als ein Unglücklicher an ihrer Seite. Das zeugt bisweilen von einem edeln Gemüth, jedoch nicht von Klugheit.

164

Einige Luftstreiche thun, um die Aufnahme, welche manche Dinge finden würden, vorläufig zu untersuchen, zumal solche, über deren Billigung oder Gelingen man Mißtrauen hegt. Man kann sich dadurch des guten Ausgangs vergewissern und behält immer Raum, entweder Ernst zu machen, oder einzulenken. Man prüft auf diese Art die Neigungen, und der Aufmerksame lernt seinen Grund und Boden kennen, welches die wichtigste Vorkehr ist beim Bitten, beim Lieben und beim Regieren.

165

Ein redlicher Widersacher seyn. Der Mann von Verstand kann genöthigt werden, ein Widersacher, aber nicht, ein nichtswürdiger Widersacher zu seyn. Jeder muß handeln als der, welcher er ist, und nicht als der, wozu sie ihn machen möchten. Der Edelsinn beim Kampf mit Nebenbulern erwirbt Beifall: man kämpfe so, daß man nicht bloß durch die Übermacht, sondern auch durch die Art zu verfahren siegreich sei. Ein niederträchtiger Sieg ist kein Ruhm, vielmehr eine Niederlage. Immer behält der Edelmuth die Oberhand. Der rechtliche Mann gebraucht nie verbotene Waffen: dergleichen aber sind die der beendigten Freundschaft gegen den begonnenen Haß, da man nie das geschenkte Zutrauen zur Rache benutzen darf. Alles, was nach Verrath auch nur riecht, befleckt den guten Namen. In Leuten, die auf Achtung Anspruch haben, befremdet jede Spur von Niedrigkeit: Seelenadel und Verworfenheit müssen weit aus einander bleiben. Man setze seinen Ruhm darin, daß wenn Edelsinn, Großmuth und Treue sich aus der Welt verloren hätten, sie in unserer Brust noch wiederzufinden seyn würden.

166

Den Mann von Worten von dem von Werken unterscheiden. Diese Unterscheidung erfordert die größte Genauigkeit, eben wie die der Freunde, der Personen und der Ämter; da alle diese Dinge große Verschiedenheiten haben. Weder gute Worte, noch schlechte Werke, ist schon schlimm; aber weder schlechte Worte, noch gute Werke, ist schlimmer. Worte kann man nicht essen, sie sind Wind; und von Artigkeiten kann man nicht leben, sie sind ein höflicher Betrug. Die Vögel mit dem Lichte fangen, ist das wahre Blenden. Die Eiteln lassen sich mit Wind abspeisen. Die Worte sollen das Unterpfand der Werke seyn, und dann haben sie ihren Werth. Die Bäume, die keine Frucht, sondern nur Blätter tragen, pflegen ohne Mark zu seyn: man muß sie kennen, die einen zum Nutzen, die andern zum Schatten.

167

Sich zu helfen wissen. In großen Gefahren gibt es keinen bessern Gefährten, als ein wackeres Herz: und sollte es schwach werden; so müssen die benachbarten Theile ihm aushelfen. Die Mühseligkeiten verringern sich dem, der sich zu helfen weiß. Man muß nicht dem Schicksal die Waffen strecken: denn da würde es sich vollends unerträglich machen. Manche helfen sich gar wenig in ihren Widerwärtigkeiten und verdoppeln solche, weil sie sie nicht zu tragen verstehn. Der, welcher sich schon kennt, kommt seiner Schwäche durch Überlegung zu Hülfe, und der Kluge besiegt Alles, sogar das Gestirn.

168

Nicht zu einem Ungeheuer von Narrheit werden. Dergleichen sind alle Eitele, Anmaaßliche, Eigensinnige, Kapriziöse, von ihrer Meinung nicht Abzubringende, Überspannte, Gesichterschneider, Possenreißer, Neuigkeitskrämer, Paradoxisten, Sektierer und verschrobene Köpfe jeder Art: sie sind alle Ungeheuer von Ungebührlichkeit. Aber jede Mißgestalt des Geistes ist häßlicher als die des Leibes, weil sie einer höheren Gattung von Schönheit widerstreitet. Allein, wer soll einer so großen und gänzlichen Verstimmung zu Hülfe kommen? Wo die große Obhut seiner selbst fehlt, ist keine Leitung mehr möglich: und an die Stelle eines nachdenkenden Bemerkens des fremden Spottes, ist der falsche Dünkel eines eingebildeten Beifalls getreten.

169

Mehr darauf wachen, nicht Ein Mal zu fehlen, als hundert Mal zu treffen. Nach der strahlenden Sonne sieht Keiner, aber Alle nach der verfinsterten. Die gemeine Kritik der Welt wird dir nicht was dir gelungen, sondern was du verfehlt hast nachrechnen. Die üble Nachrede trägt den Ruf der Schlechten weiter, als der erlangte Beifall den der Guten. Viele kannte die Welt nicht eher, als bis sie sich vergangen hatten. Alle gelungenen Leistungen eines Mannes zusammengenommen sind nicht hinreichend einen einzigen und kleinen Makel auszulöschen. Also komme Jeder vom Irrthum hierüber zurück, und wisse, daß Alles was er je schlecht gemacht, jedoch nichts von dem, was er gut gemacht, von den Übelwollenden angemerkt werden wird.

170

Bei allen Dingen stets etwas in Reserve haben. Dadurch sichert man seine Bedeutsamkeit. Nicht alle seine Fähigkeiten und Kräfte soll man sogleich und bei jeder Gelegenheit anwenden. Auch im Wissen muß es eine Arriere-Garde geben: man verdoppelt dadurch seine Vollkommenheiten. Stets muß man etwas haben, wozu man, bei der Gefahr eines schlechten Ausgangs, seine Zuflucht nehmen kann. Der Entsatz leistet mehr als der Angriff; weil er Werth und Ansehn hervorhebt. Der Kluge geht stets mit Sicherheit zu Werke: und auch in der hier betrachteten Rücksicht gilt jenes pikante Paradoxon: ›mehr ist die Hälfte, als das Ganze.‹*

171

Die Gunst nicht verbrauchen. Die großen Gönner sind für die großen Gelegenheiten. Ein großes Zutrauen soll man nicht zu kleinen Dingen in Anspruch nehmen: denn das hieße die Gunst vergeuden. Das heilige Anker bleibe stets für die äußerste Gefahr aufbewahrt. Wenn man zu geringen Zwecken das Große mißbraucht, was wird denn nachmals übrig bleiben? Keine Sache hat höhern Werth, als Beschützer, und nichts ist heut zu Tage kostbarer als die Gunst: sie baut die Welt auf und zerstört sie: sogar Geist kann sie geben und nehmen. So günstig Natur und Ruhm den Weisen sind, so neidisch ist gegen sie gewöhnlich das Glück. Es ist wichtiger, die Gunst der Mächtigen sich zu erhalten, als Gut und Habe.

* Hesiodus.

172

Sich nicht mit dem einlassen, der nichts zu verlieren hat. Denn dadurch geht man einen ungleichen Kampf ein. Der Andre tritt sorglos auf: denn er hat sogar die Schaam verloren, ist mit Allem fertig geworden und hat weiter nichts zu verlieren. Daher wirft er sich zu jeder Ungebürlichkeit auf. So schrecklicher Gefahr darf man nie seinen unschätzbaren Ruf aussetzen, der so viele Jahre zu erwerben gekostet hat und jetzt in Einem Augenblick verloren gehn kann, indem ein einziger schmählicher Unfall so vielen heißen Schweiß vergeblich machen würde. Der Mann von Pflicht- und Ehr-Gefühl nimmt Anstand, weil er viel zu verlieren hat: er zieht sein Ansehn und dann das des Andern in Erwägung: nur mit Behutsamkeit läßt er sich ein und geht dann mit solcher Zurückhaltung zu Werke, daß die Vorsicht Raum behält, sich zu rechter Zeit zurückzuziehn und sein Ansehn in Sicherheit zu bringen. Denn nicht einmal durch einen glücklichen Ausgang würde er das gewinnen, was er schon dadurch verloren hätte, daß er sich einem unglücklichen aussetzte.

173

Nicht von Glas seyn im Umgang, noch weniger in der Freundschaft. Einige brechen ungemein leicht, wodurch sie ihren Mangel an Bestand zeigen. Sich selbst erfüllen sie mit vermeintlichen Beleidigungen und die Andern mit Widerwillen. Die Beschaffenheit ihres Gemüths ist zarter als die ihres Augensterns, da sie weder im Scherz noch im Ernst eine Berührung duldet. Die unbedeutendesten Kleinigkeiten beleidigen sie: es bedarf keiner Ausfälle. Wer mit ihnen umgeht, muß mit der äußersten Behutsamkeit verfahren, stets ihre Zartheit berücksichtigen und sogar ihre Miene beobachten, da der geringste Übelstand ihnen Verdruß erregt. Dies sind meistens sehr eigene Leute, Sklaven ihrer Laune, der zu Liebe sie Alles über den Haufen würfen, und Götzendiener ihrer eingebildeten Ehre. Dagegen ist das Gemüth eines Liebenden hart und ausdauernd, wie ein Diamant, und daher ein Amant ein halber Diamant zu nennen.

174

Nicht hastig leben. Die Sachen zu vertheilen wissen, heißt sie zu genießen verstehn. Viele sind mit ihrem Glück früher als mit ihrem Leben zu Ende: sie verderben sich die Genüsse, ohne ihrer froh zu werden: und nachher möchten sie umkehren, wann sie ihres weiten Vorsprungs inne werden. Sie sind Postillione des Lebens, die zu dem allgemeinen raschen Lauf der Zeit noch das ihnen eigene Stürzen hinzu fügen. Sie möchten in Einem Tage verschlingen, was sie kaum im ganzen Leben verdauen könnten. Vor den Freuden des Lebens sind sie immer voraus, verzehren schon die kommenden Jahre, und da sie so eilig sind, werden sie schnell mit Allem fertig. Man soll sogar im Durst nach Wissen ein Maaß beobachten, damit man nicht die Dinge lerne, welche es besser wäre nicht zu wissen. Wir haben mehr Tage als Freuden zu erleben. Man sei langsam im Genießen, schnell im Wirken: denn die Geschäfte sieht man gern, die Genüsse ungern beendigt.

175

Ein Mann von Gehalt seyn: und wer es ist, findet kein Genüge an denen, die es nicht sind. Ein elendes Ding ist äußeres Ansehn, welchem kein innerer Gehalt zum Grunde liegt. Nicht Alle, die ganze Leute zu seyn scheinen, sind es; vielmehr sind manche trügerisch: von Schimären geschwängert gebären sie Betrügereien, wobei sie von Andern, ihnen ähnlichen, unterstützt werden, welche am Ungewissen, welches ein Betrug verheißt, weil es recht viel ist, mehr Gefallen finden, als am Sichern, welches eine Wahrheit verspricht, weil es nur wenig ist. Am Ende nehmen ihre Hirngespinste ein schlechtes Ende, weil sie ohne feste und tüchtige Grundlage waren. Ein Betrug macht so viele andre nothwendig, daher denn das ganze Gebäude schimärisch ist, und, weil in der Luft erbaut, nothwendig zur Erde herabfallen muß. Falsch angelegte Dinge sind nie von Bestand: schon daß sie so viel verheißen, muß sie verdächtig machen; wie das, was zu viel beweist, selbst nicht richtig seyn kann.

176

Einsicht haben, oder den anhören, der sie hat. Ohne Verstand, eigenen oder geborgten, läßt sich's nicht leben. Allein Viele wissen nicht, daß sie nichts wissen, und Andre glauben zu wissen, wissen aber nichts. Gebrechen des Kopfs sind unheilbar, und da die Unwissenden sich nicht kennen, suchen sie auch nicht was ihnen abgeht. Manche würden weise seyn, wenn sie nicht es zu seyn glaubten. Daher kommt es, daß, obwohl die Orakel der Klugheit selten sind, diese dennoch unbeschäftigt leben, weil Keiner sie um Rath frägt. Sich berathen, schmälert nicht die Größe und zeugt nicht vom Mangel eigner Fähigkeit, vielmehr ist, sich gut berathen, ein Beweis derselben. Man überlege mit der Vernunft, damit man nicht widerlegt werde vom unglücklichen Ausgang.

177

Den vertraulichen Fuß im Umgang ablehnen. Weder sich, noch Andern darf man ihn erlauben. Wer sich auf einen vertraulichen Fuß setzt, verliert sogleich die Überlegenheit, welche seine Untadelhaftigkeit ihm gab, und in Folge davon auch die Hochachtung. Die Gestirne, weil sie mit uns sich nicht gemein machen, erhalten sich in ihrem Glanz. Das Göttliche gebietet Ehrfurcht. Jede Leutseligkeit bahnt den Weg zur Geringschätzung. Es ist mit den menschlichen Dingen so, daß, je mehr man sie besitzt und hält, desto weniger hält man von ihnen: denn die offene Mittheilung legt die Unvollkommenheit offen dar, welche die Behutsamkeit bedeckte. Mit Niemanden ist es räthlich sich auf einen vertrauten Fuß zu setzen, nicht mit Höhern, weil es gefährlich, nicht mit Geringern, weil es unschicklich ist, am wenigsten aber mit gemeinen Leuten, weil sie aus Dummheit verwegen sind, und die Gunst, welche man ihnen erzeigt, verkennend, solche für Schuldigkeit halten. Die große Leutseligkeit ist der Gemeinheit verwandt.

178

Seinem Herzen glauben, zumal wenn es erprobt ist: dann versage man ihm nicht das Gehör, da es oft *das* vorherverkündet, woran am meisten gelegen. Es ist ein Haus-Orakel. Viele sind durch das umgekommen, was sie stets gefürchtet hatten: was half aber das Fürchten, wenn sie nicht vorbeugten. Manche haben, als einen Vorzug ihrer begünstigten Natur, ein recht wahrhaftes Herz, welches sie allemal warnt und Lärm schlägt, wann Unglück droht, damit man ihm vorbeuge. Es zeugt nicht von Klugheit, daß man den Übeln entgegengeht; es sei denn um sie zu überwinden.

179

Die Verschwiegenheit ist das Stempel eines fähigen Kopfes. Eine Brust ohne Geheimniß ist ein offner Brief. Wo der Grund tief ist, liegen auch die Geheimnisse in großer Tiefe: denn da giebt es weite Räume und Höhlungen, in welche die Dinge von Wichtigkeit versenkt werden. Die Verschwiegenheit entspringt aus einer mächtigen Selbstbeherrschung, und sich in diesem Stücke zu überwinden, ist ein wahrer Triumph. So Vielen man sich entdeckt, so Vielen macht man sich zinsbar. In der gemäßigten Stimmung des Innern besteht die Gesundheit der Vernunft. Die Gefahren, mit welchen die Verschwiegenheit zu kämpfen hat, sind die mancherlei Versuche der Andern, das Widersprechen, in der Absicht sie dadurch zu verleiten, die Stichelreden, um etwas aufzujagen: bei welchem Allem der Aufmerksame verschlossener als je wird. Das, was man thun soll, muß man nicht sagen; und das, was man sagen soll, muß man nicht thun.

180

Nie sich nach dem richten, was der Gegner jetzt zu thun hätte. Der Dumme wird nie das thun, was der Kluge angemessen erachtet, weil er das Passende nicht herausfindet: ist er hingegen ein wenig klug; so wird er einen Schritt, den der Andre vorhergesehn, ja ihm vorgebaut hat, grade deshalb nicht ausführen. Man muß die Sachen von beiden Gesichtspunkten aus durchdenken, sie sorgfältig von beiden Seiten betrachten und sie zu einem doppelten Ausgang vorbereiten. Die Urtheile sind verschieden: der Unentschiedene bleibe aufmerksam und nicht sowohl auf das, was geschehn wird, als auf das, was geschehn kann, bedacht.

181

Ohne zu lügen, nicht alle Wahrheiten sagen. Nichts erfordert mehr Behutsamkeit als die Wahrheit: sie ist ein Aderlaß des Herzens. Es gehört gleich viel dazu, sie zu sagen und sie zu verschweigen zu verstehn. Man verliert durch eine einzige Lüge den ganzen Ruf seiner Unbescholtenheit. Der Betrug gilt für ein Vergehn und der Betrüger für falsch, welches noch schlimmer ist. Nicht alle Wahrheiten kann man sagen, die einen nicht, unser selbst wegen, die andern nicht, des Andern wegen.

182

Ein Gran Kühnheit bei Allem, ist eine wichtige Klugheit. Man muß seine Meinung von Andern mäßigen, um nicht so hoch von ihnen zu denken, daß man sich vor ihnen fürchte. Nie bemächtige sich die Einbildungskraft des Herzens. Viele scheinen gar groß, bis man sie persönlich kennen lernt: dann aber dient ihr Umgang mehr, die Täuschung zu zerstören, als die Werthschätzung zu erhöhen. Keiner überschreitet die engen Gränzen der Menschheit: Alle haben ihr Gebrechen, bald im Kopfe, bald im Herzen. Amt und Würde giebt eine scheinbare Überlegenheit, welche selten von der persönlichen begleitet wird: denn das Schicksal pflegt sich an der Höhe des Amtes durch die Geringfügigkeit der Verdienste zu rächen. Die Einbildungskraft ist aber immer im Vorsprung und malt die Sachen viel herrlicher, als sie sind: sie stellt sich nicht bloß vor, was ist, sondern auch was seyn könnte. Die durch so viele Erfahrungen von Täuschungen zurückgebrachte Vernunft weise jene zurecht. Doch soll so wenig die Dummheit verwegen, als die Tugend furchtsam seyn. Und wenn sogar der Einfalt ihr

Selbstvertrauen oft durchhalf; wie viel mehr dem Werthe und dem Wissen.

183

Nichts gar zu fest ergreifen. Jeder Dumme ist fest überzeugt, und jeder fest Überzeugte ist dumm: je irriger sein Urtheil, desto größer sein Starrsinn. Sogar wo man augenfällig Recht hat, steht es schön an, nachzugeben: denn die Gründe, die wir für uns haben, sind nicht unbekannt, und nun sieht man unsre Artigkeit. Man verliert mehr durch ein halsstarriges Behaupten, als man durch den Sieg gewinnen kann: denn das heißt nicht ein Verfechter der Wahrheit, sondern der Grobheit seyn. Es giebt eiserne Köpfe, die im höchsten und äußersten Grade schwer zu überzeugen sind: kommt nun zum Festüberzeugtseyn noch der grillenhafte Eigensinn; so gehn beide eine unzertrennliche Verbindung mit der Narrheit ein. Die Festigkeit gehört in den Willen; nicht in den Verstand. Doch giebt es Fälle, die hievon eine Ausnahme gestatten, wo man nämlich verloren wäre, wenn man sich doppelt, erst im Urtheil und in Folge davon in der Ausführung besiegen ließe.

184

Nicht ceremoniös seyn. Sogar in einem Könige war die Affektion hierin als eine Sonderbarkeit weltkundig. Wer in diesem Punkte krittlich ist, macht sich lästig: und doch haben ganze Nationen diese Eigenheit. Das Kleid der Narrheit ist aus solchen

Dingen zusammengenäht: Leute dieses Schlages sind Götzendiener ihrer Ehre und zeigen doch, daß sie auf wenig gegründet ist, da sie fürchten, daß Alles dieselbe verletzen könne. Es ist gut, auf Achtung zu halten: aber man gelte nicht für einen großen Ceremonienmeister. Allerdings ist es wahr, daß ein Mann ohne alle Umstände, ausgezeichneter Tugenden bedarf. Man soll die Höflichkeit weder affektieren noch verachten; es zeugt nicht von Größe, daß man in Kleinigkeiten eigen ist.

185

Nie sein Ansehn von der Probe eines einzigen Versuchs abhängig machen: denn mißglückt er, so ist der Schaden unersetzlich. Es kann leicht kommen, daß man ein Mal fehlt, und besonders das erste. Zeit und Gelegenheit sind nicht immer günstig: daher man sagt, Jemand habe seinen glücklichen Tag. Seinen zweiten Versuch stelle man durch Verbindung mit dem ersten sicher: dann wird, er mag gelingen oder mißglücken, der erste seine Ehrenrettung seyn. Immer muß man seine Zuflucht zu einer Verbesserung nehmen und sich auf ein Mehreres berufen können. Die Dinge hängen von gar vielen und mancherlei Zufälligkeiten ab; daher eben der glückliche Ausgang so selten ist.

186

Fehler als solche erkennen, auch wenn sie in noch so hohem Ansehn stehn. Der Makellose verkenne das Laster nicht, auch wenn es sich in Gold und Seide kleidet: ja es wird bisweilen eine goldne Krone tragen, deshalb aber doch nicht weniger verwerflich seyn. Die Sklaverei bleibt niederträchtig, so sehr man sie durch die Hoheit des Herrn beschönigen möchte. Die Laster können hoch stehn, sind aber deshalb doch nichts Hohes. Manche sehn, daß jener große Mann mit diesem oder jenem Fehler behaftet ist; aber sie sehn nicht, daß er keineswegs durch denselben ein großer Mann ist. Das Beispiel der Höhern hat eine solche Überredungskraft, daß es uns sogar zu Häßlichkeiten beredet, und selbst die des Gesichts von Schmeichlern bisweilen affektiert wurden, welche jedoch nicht begriffen, daß wenn man bei den Großen gegen dergleichen die Augen verschließt, man es an den Geringen verabscheut.

187

Was Gunst erwirbt, selbst verrichten, was Ungunst, durch Andre. Durch das erstere gewinnt man die Liebe, durch das andre entgeht man dem Übelwollen. Dem großen Mann giebt Gutes thun mehr Genuß, als Gutes empfangen: ein Glück seines Edelmuths. Nicht leicht wird man Andern Schmerz verursachen, ohne, entweder durch Mitleid, oder durch Vergeltung, selbst wieder Schmerz zu erdulden. Von Oben kann man nur durch Lohn oder Strafe wirken: da ertheile man das Gute unmittelbar, das Schlimme mittelbar. Man habe Jemanden, auf den die Schläge der Unzufriedenheit, welches Haß und Schmähungen sind, treffen.

Denn die Wuth des Pöbels gleicht der der Hunde: die Ursache ihres Leidens verkennend, wendet sie sich wider das Werkzeug, welches, wiewohl nicht die Hauptschuld tragend, für die unmittelbare büßen muß.

188

Löbliches zu berichten haben. Es erhöht die gute Meinung von unserm Geschmack, indem es anzeigt, daß derselbe anderwärts das Vortreffliche kennen gelernt hat und daher auch hier es zu schätzen wissen wird: denn wer vordem Vollkommenheiten zu würdigen gewußt hat, wird ihnen auch nachmals Gerechtigkeit widerfahren lassen. Zudem giebt es Stoff zur Unterhaltung, zur Nachahmung, und befördert lobenswerthe Kenntnisse. Man erzeigt dadurch, auf eine sehr feine Weise, den gegenwärtigen Vollkommenheiten eine Höflichkeit. Andre machen es umgekehrt: sie begleiten ihre Erzählung immer mit Tadel und wollen dem Gegenwärtigen durch Herabsetzung des Abwesenden schmeicheln. Dies glückt ihnen bei oberflächlichen Leuten, welche nicht inne werden, wie listig sie, bei einem Jeden, recht schlecht vom Andern reden. Manche haben die Politik, die Mittelmäßigkeiten des heutigen Tages höher zu schätzen, als die vortrefflichsten Leistungen des gestrigen. Der Aufmerksame durchschaue alle diese Schliche und lasse sich weder durch die übertriebenen Erzählungen der Einen muthlos machen, noch durch die Schmeicheleien der Andern aufblasen; sondern sehe ein, daß Jene sich an Einem Orte grade so, wie am andern benehmen, ihre Meinungen vertauschen und sich stets nach dem Orte richten, an welchem sie eben sind.

189

Sich den fremden Mangel zu Nutze machen: denn erzeugt er den Wunsch; so wird er zur wirksamsten Daumschraube. Die Philosophen haben gesagt, der Mangel, oder die Privation, sei nichts: die Politiker aber meinten, er sei Alles. Letztere haben es am besten verstanden. Manche wissen aus dem Wunsche der Andern eine Stufe zur Erreichung ihrer Zwecke zu machen. Sie benutzen die Gelegenheit und erregen Jenen, durch Vorstellung der Schwierigkeit des Erlangens, den Appetit. Sie versprechen sich mehr von der Leidenschaftlichkeit der Sehnsucht, als von der Lauheit des Besitzes. Denn in dem Maaße, als der Widerstand zunimmt, wird der Wunsch leidenschaftlicher. Andre in Abhängigkeit zu erhalten wissen, um seine Zwecke zu erreichen, ist eine große Feinheit.

190

In Allem seinen Trost finden. Sogar die Unnützen mögen ihn darin finden, daß sie unsterblich sind. Kein Kummer ohne seinen Trost. Für die Dummen ist es einer, daß sie Glück haben: auch das Glück häßlicher Weiber ist sprichwörtlich geworden. Um lange zu leben, ist ein gutes Mittel, wenig zu taugen. Das brüchige Gefäß ist stets das, was nie vollends zerbricht, sondern durch seine Dauer Überdruß erregt. Gegen die wichtigsten Menschen scheint das Schicksal Neid zu hegen, da es den unnützesten Leuten die längste, den wichtigsten die kürzeste Lebensdauer verleiht. Alle, an denen viel gelegen, nehmen bald ein Ende; aber der, welcher Keinem etwas nützt, lebt ewig: theils, weil es uns so vorkommt, theils, weil es wirklich so ist. Dem Unglücklichen scheint es, daß das Glück und der Tod sich verschworen haben, ihn zu vergessen.

191

Nicht an der großen Höflichkeit sein Genügen haben: denn sie ist eine Art Betrug. Einige bedürfen, um hexen zu können, nicht der Kräuter Thessaliens: denn mit dem schmeichelhaften Hutabziehn allein bezaubern sie eitele Dummköpfe. Ehrenbezeugungen sind ihre Münze und sie bezahlen mit dem Hauch schöner Redensarten. Wer Alles verspricht, verspricht nichts: aber Versprechungen sind die Falle für die Dummen. Die wahre Höflichkeit ist Schuldigkeit, die affektierte, zumal die ungebräuchliche, Betrug: sie ist nicht Sache des Anstands; sondern ein Mittel Andre abhängig zu machen. Ihr Bückling gilt nicht der Person, sondern deren Glücksumständen, und ihre Schmeichelei nicht den etwa erkannten Trefflichkeiten, sondern den gehofften Vortheilen.

192

Friedfertig leben, lange leben. Um zu leben, leben lassen. Die Friedfertigen leben nicht nur; sie herrschen. Man höre, sehe und schweige. Der Tag ohne Streit bringt ruhigen Schlaf in der Nacht. Lange leben und angenehm leben, heißt für Zwei leben, und ist die Frucht des Friedens. Alles hat der, welcher sich aus dem nichts macht, woran ihm nichts liegt. Keine größre Verkehrtheit, als sich Alles zu Herzen nehmen. Gleich große Thorheit, daß uns das Herz durchbohre, was uns nicht angeht, und daß wir uns nicht kümmern wollen um das, was wichtig für uns ist.

193

Dem aufpassen, der mit der fremden Angelegenheit auftritt, um mit der eigenen abzuziehn. Gegen die List ist die beste Vormauer die Aufmerksamkeit. Für feine Schliche, eine feine Nase. Viele machen aus ihrer eigenen Angelegenheit eine fremde: und ohne den Schlüssel zur Zifferschrift ihrer Absichten, wird man bei jedem Schritt in den Fall kommen, den fremden Vortheil, zum großen Schaden seiner Hand, aus dem Feuer holen zu müssen.

194

Von sich und seinen Sachen vernünftige Begriffe haben: zumal beim Antritt des Lebens. Jeder hat eine hohe Meinung von sich, am meisten aber die, welche am wenigsten Ursache haben. Jeder träumt sich sein Glück und hält sich selbst für ein Wunder. Die

Hoffnung macht die übertriebensten Versprechungen, welche nachher die Erfahrung durchaus nicht erfüllt. Dergleichen eitle Einbildungen werden eine Quelle der Quaalen, wann einst die wahrhafte Wirklichkeit die Täuschung zerstört. Der Kluge komme solchen Verirrungen zuvor: er mag immerhin das Beste hoffen; jedoch erwarte er stets das Schlimmste, um was kommen wird mit Gleichmuth zu empfangen. Zwar ist es geschickt, etwas zu hoch zu zielen, damit der Schuß richtig treffe; jedoch nicht so sehr, daß man den Antritt seiner Laufbahn darüber ganz verfehle. Diese Berichtigung der Begriffe ist schlechterdings nothwendig: denn vor der Erfahrung ist die Erwartung meistens sehr ausschweifend. Die beste Universalmedicin gegen alle Thorheiten ist die Einsicht. Jeder erkenne die Sphäre seiner Thätigkeit und seines Standes: dann wird er seine Begriffe nach der Wirklichkeit berichtigen.

195

Zu schätzen wissen. Es gibt Keinen, der nicht in irgend etwas der Lehrer des Andern seyn könnte: und Jeder, der Andre übertrifft, wird selbst noch von Jemanden übertroffen werden. Von Jedem Nutzen zu ziehn verstehn, ist ein nützliches Wissen. Der Weise schätzt Alle, weil er in Jedem das Gute erkennt und weiß, wie viel dazu gehört, eine Sache gut zu machen. Der Dumme verachtet Alle, weil er das Gute nicht kennt und das Schlechtere erwählt.

196

Seinen Glücksstern kennen. Niemand ist so hülflos, daß er keinen hätte: und ist er unglücklich; so ist es, weil er ihn nicht kennt. Einige stehen bei Fürsten und Mächtigen in Ansehn, ohne zu wissen, wie oder weshalb, als nur, daß eben ihr Schicksal ihnen diese Gunst leicht machte, wobei der Bemühung bloß das Nachhelfen blieb. Andre besitzen die Gunst der Weisen. Mancher fand bei Einer Nation bessere Aufnahme, als bei der andern, und war in dieser Stadt lieber gesehn, als in jener. Ebenso hat man oft mehr Glück in Einem Amte oder Stand, als in den übrigen; und Alles dieses bei Gleichheit, ja Einerleiheit der Verdienste. Das Schicksal mischt die Karten, wie und wann es will. Jeder kenne seinen Glücksstern, eben wie auch sein Talent: denn hievon hängt es ab, ob er sein Glück macht oder verscherzt. Er wisse seinem Stern zu folgen, ihm nachzuhelfen und hüte sich ihn zu vertauschen: denn das wäre, wie wenn man den Polarstern verfehlt, auf welchen doch der nahe kleine Bär hindeutet.

197

Sich keine Narren auf den Hals laden: wer sie nicht kennt, ist selbst einer, noch mehr der, welcher sie kennt und nicht von sich abhält. Für den oberflächlichen Umgang sind sie gefährlich, für den vertrauten verderblich. Und wenn auch ihre eigene Behutsamkeit und fremde Sorgfalt sie eine Zeit lang in Schranken hält; so begehn oder sagen sie zuletzt doch eine Dummheit, und haben sie so lange gewartet, so war es, damit sie desto ansehnlicher ausfiele. Schlecht wird das fremde Ansehn unterstützen, wer selbst keines hat. Sie sind sehr unglücklich, welches das der Narrheit beigegebene Leiden ist und sich mit ihr wechselseitig ausgleicht. Nur Eines ist an ihnen so übel nicht, und das ist, daß obgleich für sie die Klugen von keinem Nutzen sind, sie hingegen von vielem für die Weisen, theils zur Erkenntniß, theils zur Übung.

198

Sich zu verpflanzen wissen. Es giebt Nationen, die um zu gelten, versetzt werden müssen; zumal in Hinsicht auf hohe Stellen. Das Vaterland ist allemal stiefmütterlich gegen ausgezeichnete Talente: denn in ihm, als dem Boden dem sie entsprossen, herrscht der Neid, und man erinnert sich mehr der Unvollkommenheit, mit der Jemand anfieng, als der Größe, zu der er gelangt ist. Eine Nadel konnte Werthschätzung erhalten, nachdem sie von Einer Welt zur andern gereist war, und ein Glas, weil es in ein andres Land gebracht worden, machte den Diamanten geringgeschätzt. Alles Fremde wird geachtet, theils weil es von Ferne kommt, theils weil man es ganz fertig und in seiner Vollkommenheit erhält. Leute hat man gesehn, die einst die Verachtung ihres Winkels waren und jetzt die Ehre der Welt sind, hochgeschätzt von ihren Landsleuten und von den Fremden, von jenen, weil sie sie von Weitem, von diesen, weil sie sie als weither sehn. Nie wird der die Statue auf dem Altar gehörig verehren, der sie als einen Stamm im Garten gekannt hat.

199

Sich Platz zu machen wissen, als ein Kluger, nicht als ein Zudringlicher. Der wahre Weg zu hohem Ansehn ist das Verdienst, und liegt dem Fleiße ächter Werth zum Grunde; so gelangt man am kürzesten dahin. Bloße Makellosigkeit reicht nicht aus, bloßes Mühen und Treiben ist unwürdig, denn dadurch langen die Sachen so mit Koth bespritzt an, daß der Ekel ihrem Ansehn schadet. Die Sache ist ein Mittelweg zwischen verdienen und sich einzuführen verstehn.

200

Etwas zu wünschen übrig haben, um nicht vor lauter Glück unglücklich zu seyn. Der Leib will athmen, und der Geist streben. Wer Alles besäße, wäre über Alles enttäuscht und mißvergnügt. Sogar dem Verstande muß etwas zu wissen übrig bleiben, was die Neugier lockt und die Hoffnung belebt. Übersättigungen an Glück sind tödtlich. Beim Belohnen ist es eine Geschicklichkeit, nie gänzlich zufrieden zu stellen. Ist nichts mehr zu wünschen; so ist Alles zu fürchten: unglückliches Glück! wo der Wunsch aufhört, beginnt die Furcht.

201

Narren sind alle, die es scheinen, und die Hälfte derer, die es nicht scheinen. Die Narrheit ist mit der Welt davon gelaufen: und giebt es noch einige Weisheit, so ist sie Thorheit vor der himmlischen. Jedoch ist der größte Narr, wer es nicht zu seyn glaubt und alle Andern dafür erklärt. Um weise zu seyn, reicht nicht hin, daß man es scheine, am wenigsten sich selber. Der weiß, welcher nicht denkt, daß er wisse: und der sieht nicht, der nicht sieht, daß die Andern sehn. Und obschon die Welt voll Narren ist, so ist keiner darunter, der es von sich dächte, ja nur argwöhnte.

202

Reden und Thaten machen einen vollendeten Mann. Sagen soll man was vortrefflich und thun was ehrenvoll ist: das Eine zeigt die Vollkommenheit des Kopfes, das Andre die des Herzens, und Beide gehn aus der Erhabenheit der Seele hervor. Die Reden sind der Schatten der Thaten; jene sind weiblicher, diese männlicher Natur. Besser gerühmt zu seyn, als ein Rühmer. Das Sagen ist leicht, das Thun schwer. Die Thaten sind die Substanz des Lebens, die Reden sein Schmuck. Das Ausgezeichnete in Thaten ist bleibend, das in Reden vergänglich. Die Handlungen sind die Frucht der Gedanken: waren diese weise; so sind jene erfolgreich.

203

Das ausgezeichnet Große seines Jahrhunderts kennen. Es wird desselben nicht viel seyn: ein Phönix in einer ganzen Welt, ein großer Feldherr, ein vollkommner Redner, ein Weiser in einem ganzen Jahrhundert, ein großer König in vielen. Das Mittelmäßige ist sehr gewöhnlich, sowohl der Zahl als der Werthschätzung nach, hingegen das ausgezeichnet Große selten in jeder Hinsicht, weil es vollendete Vollkommenheit erfordert, und je höher die Gattung, desto schwieriger ist das Höchste in ihr. Viele haben den Beinamen der Großen, der dem Cäsar und Alexander gehört, angenommen, aber vergeblich, da ohne die Thaten das Wort ein bloßer Hauch ist. Wenige Senecas hat es gegeben und nur Einen Apelles kannte die Welt.

204

Man unternehme das Leichte, als wäre es schwer, und das Schwere, als wäre es leicht: jenes, damit das Selbstvertrauen uns nicht sorglos, dieses, damit die Zaghaftigkeit uns nicht muthlos mache. Damit eine Sache nicht gethan werde, bedarf es nur, daß man sie als schon gethan betrachte: und im Gegentheil macht Fleiß und Anstrengung das Unmögliche möglich. Die großen Obliegenheiten darf man sogar nicht bedenken, damit der Anblick der Schwierigkeit nicht unsre Thatkraft lähme.

205

Die Verachtung zu handhaben verstehn. Um die Sachen zu erlangen, ist ein schlauer Kunstgriff, daß man sie gering schätze: gewöhnlich wird man ihrer nicht habhaft, wann man sie sucht, und nachher, wann man nicht darauf achtet, fallen sie uns von selbst in die Hand. Da alle Dinge dieser Welt ein Schatten der ewigen Dinge sind; so haben sie mit dem Schatten auch diese Eigenschaft gemein, daß sie den fliehen, der ihnen folgt, und dem folgen, der vor ihnen flieht. Die Verachtung ist ferner auch die klügste Rache: es ist feste Maxime der Weisen, sich nicht mit der Feder zu vertheidigen: denn solche Vertheidigung läßt eine Spur nach und schlägt mehr in Verherrlichung der Widersacher, als in Züchtigung ihrer Verwegenheit aus. Es ist ein Kniff der Unwürdigen, als Gegner großer Männer aufzutreten, um auf indirektem Wege zu der Berühmtheit zu gelangen, welcher sie auf dem direkten, durch Verdienste, nie theilhaft geworden wären: und von Vielen würden wir nie Kunde erhalten haben, hätten ihre ausgezeichneten Gegner sich nicht um sie gekümmert. Keine Rache thut es dem Vergessen gleich, durch welches sie im Staube ihres Nichts begraben werden. Solche Verwegne wähnen sich dadurch unsterblich zu machen, daß sie an die Wunder der Welt und der Jahrhunderte Feuer anlegen. Die Kunst die Verläumdung zu beschwichtigen ist sie unbeachtet zu lassen; gegen sie ankämpfen, bringt Nachtheil: und eine Herstellung unsers Ansehns, die es schmälert, ist den Gegnern wohlgefällig: denn selbst jener Schatten eines Makels benimmt unserm Ruhm seinen Glanz, wenn er ihn auch nicht ganz verdunkeln kann.

206

Man soll wissen, daß es Pöbel überall giebt, selbst im schönen Korinth, in der auserlesensten Familie: Jeder macht ja die Erfahrung in seinem eigenen Hause. Nun giebt es aber Pöbel und Gegen-pöbel, der noch schlimmer ist: dieser specielle theilt mit dem allgemeinen alle Eigenschaften, wie die Stücke des zerbrochenen Spiegels: er ist aber schädlicher: er redet dumm, tadelt verkehrt, ist ein großer Schüler der Unwissenheit, Gönner und Patron der Narrheit und Bundesgenosse der Klätscherei: man beachte nicht was er sagt, noch weniger was er denkt. Es ist wichtig, ihn zu kennen, um sich von ihm zu befreien: denn jede Dummheit ist Pöbelhaftigkeit, und der Pöbel besteht aus den Dummen.

207

Sich mäßigen. Man soll einen Fall wohl überlegen, zumal einen Unfall. Die Anwandlungen der Leidenschaft sind das Glatteis der Klugheit, und hier liegt die Gefahr, sich ins Verderben zu stürzen. Von Einem Augenblick der Wuth, oder Fröhlichkeit wird man weiter geführt, als von vielen Stunden des Gleichmuths; und da bereitet manchmal eine kurze Weile die Beschämung des ganzen Lebens. Fremde

Arglist legt oft absichtlich solche Versuchungen der Vernunft an, um eine Entdeckungsreise ins Innere des Geistes zu machen, und benutzt dergleichen Daumschrauben der Geheimnisse, die im Stande sind, den überlegensten Kopf auf's Äußerste zu treiben. Zur Gegenlist diene die Mäßigung, vorzüglich bei plötzlichen Fällen. Ein sehr überlegter Geist ist erfordert, wenn nicht ein Mal eine Leidenschaft das Gebiß zwischen die Zähne nehmen soll, und gewaltig klug muß der seyn, der es zu Pferde bleibt (siehe Anmerkung zu § 155). Wer die Gefahr begriffen hat, geht mit Behutsamkeit seinen Weg. So leicht ein Wort dem scheint, der es hinwirft, so schwer dem, der es aufnimmt und wiegt.

208

Nicht an der Narrenkrankheit sterben. Meistens sterben die Weisen, nachdem sie den Verstand verloren haben; die Narren hingegen ganz voll von gutem Rath. Wie ein Narr sterben, heißt, von zu vielem Denken sterben. Einige sterben, weil sie denken und empfinden; Andre leben, weil sie nicht denken und empfinden: diese sind Narren, weil sie nicht vor Schmerz sterben, und jene, weil sie es thun. Ein Narr ist, wer an zu großem Verstande stirbt: demnach sterben Einige, weil sie gescheut, und leben Andre, weil sie nicht gescheut sind. Jedoch obgleich Viele wie Narren sterben; so sterben doch wenige Narren.

209

Sich von allgemeinen Narrheiten frei halten, ist eine recht besondre Klugheit. Jene haben viel Gewalt, weil sie eben allgemein eingeführt sind, und Mancher, welcher sich von keiner Privat-Narrheit überwältigen ließ, konnte doch der allgemeinen nicht entgehn. Es gehören dahin solche gemeine Vorurtheile, wie daß Keiner mit seinem Schicksale, und wäre es das beste, zufrieden, noch unzufrieden mit seinem Verstande ist, wäre er auch der schlechteste; ferner, daß Alle, mit ihrem eignen Glücke unzufrieden, das fremde beneiden; sodann daß die Leute des heutigen Tages die Dinge von gestern loben, und die von hier die Dinge von dort: alles Vergangene scheint besser, alles Entfernte wird höher geschätzt. Wer über Alles lacht, ist ein eben so großer Narr, als wer sich über Alles betrübt.

210

Die Wahrheit zu handhaben verstehn. Sie ist ein gefährlich Ding: jedoch kann der rechtliche Mann nicht unterlassen sie zu sagen. Hier bedarf es nun der Kunst: geschickte Ärzte der Seele haben auf Arten sie zu versüßen gedacht; denn wenn sie auf Zerstörung einer Täuschung hinausläuft, ist sie die Quintessenz des Bittern. Die gute Manier wendet hier ihre Geschicklichkeit an: sie kann mit derselben Wahrheit dem Einen schmeicheln und den Andern zu Boden werfen. Man handle die Sache der Gegenwärtigen in der der längst Vergangenen ab. Bei dem, der zu verstehn weiß, ist ein Wink hinreichend: wäre aber nichts hinreichend; so tritt der Fall des Verstummens ein. Fürsten darf man nicht mit bittern Arzneien kurieren: deshalb ist es eine Kunst, die Enttäuschungen zu vergolden.

211

Im Himmel ist Alles Wonne, in der Hölle Alles Jammer, in der Welt, als dem Mittleren, das Eine und das Andre. Wir stehn zwischen zwei Extremen, und sind daher beider theilhaft. Das Schicksal wechselt: Alles soll nicht Glück, noch Alles Mißgeschick seyn. Diese Welt ist eine Null: für sich allein gilt sie nichts, aber mit dem Himmel in Verbindung gesetzt, viel. Gleichmuth bei ihrem Wechsel ist vernünftig, und Neuheit ist nicht die Sache des Weisen. Unser Leben verwickelt sich in seinem Fortgang, wie ein Schauspiel, und entwikkelt sich zuletzt wieder: daher sei man auf das gute Ende bedacht.

212

Die letzten Feinheiten der Kunst stets zurückbehalten. Eine Maxime großer Meister, die ihre Klugheit, auch indem sie solche lehren, noch anwenden: immer muß man überlegen bleiben, immer Meister. Mit Kunst muß man die Kunst mittheilen und nie die Quelle der Belehrung erschöpfen, so wenig als die des Gebens. Dadurch wird man sein Ansehn und die fremde Abhängigkeit erhalten. Im Gefallen und im Belehren hat man jene große Vorschrift zu beobachten, stets die Bewundrung kirre zu erhalten und die Vollkommenheit immer weiter zu führen. Die Reserve bei allen Dingen ist eine große Regel zum Leben, zum Siegen und am meisten auf hohen Stellen.

213

Zu widersprechen verstehn. Eine große List zum Erforschen: nicht um sich, sondern um den Andern in Verwickelung zu bringen. Die wirksamste Daumschraube ist die, welche die Affekten in Bewegung setzt: daher ist ein wahres Vomitiv für Geheimnisse die Lauheit im glauben derselben. Sie ist der Schlüssel zur verschlossensten Brust, und untersucht, mit großer Feinheit, zugleich den Willen und den Verstand. Eine schlaue Geringschätzung des mysteriösen Wortes, welches der Andre fallen ließ, jagt die verborgensten Geheimnisse auf, bringt sie mit Süßigkeit in einzelnen Bissen zum Munde, bis sie auf der Zunge und von da ins Netz des künstlichen Betruges gerathen. Die Zurückhaltung des Aufpassenden macht, daß die des Andern die Vorsicht aus der Acht läßt, und so kommt seine Gesinnung an den Tag, wann auch sein Herz auf andre Weise unerforschlich war. Ein erkünsteltes Zweifeln ist der feinste Dietrich dessen die Neugier sich bedienen kann, um herauszubringen was sie verlangt. Auch beim Lernen sogar ist es eine gute List des Schülers, dem Lehrer zu widersprechen, der jetzt, von größerm Eifer hingerissen, sich tiefer in die Eröffnung des Grundes seiner Wahrheiten einläßt; so daß eine gemäßigte Bestreitung eine vollendete Belehrung veranlaßt.

214

Nicht aus Einem dummen Streich zwei machen: es geschieht häufig, daß man, um einen zu verbessern, vier andre begeht, oder Eine Ungehörigkeit durch eine größere gut machen will. Entweder ist die Thorheit aus der Familie der Lüge, oder diese aus der jener; da beide dies gemein haben, daß jede einzelne, um sich aufrecht zu erhalten, viele andre nothwendig macht. Schlimmer als die schlechte Anklage war stets die Inschutznahme derselben, und übler als das Übel selbst ist es, solches nicht verhehlen zu können. Es ist das Erbtheil der Unvollkommenheiten, daß jede noch viele andre auf Zinsen giebt. Ein Versehn zu machen, kann dem gescheutesten Manne begegnen, jedoch nicht zwei; und selbst jenes nur im Lauf, nicht im Sitzen.

215

Dem aufpassen, der mit der zweiten Absicht herankommt. Es ist eine List der Unterhändler, den fremden Willen einzuschläfern, um ihn anzugreifen: denn ist er umgangen, so ist er überwunden. Sie verhehlen ihre Absicht, um sie zu erreichen, und stellen sie zu hinterst, damit sie bei der Ausführung vorne an zu stehn komme; und der Streich gelingt, wenn man ihn nicht bemerkt. Daher schlafe die Aufmerksamkeit nicht, da die Absichtlichkeit so sehr wach ist: und stellt diese sich nach hinten, um sich zu verstecken; so trete jene nach vorne, um sie zu erkennen. Die Vorsicht bemerke die Künste, mit denen so ein Mann von zwei Absichten herankommt, und sehe die Vorwände, die er, um seine wahre Absicht zu erreichen, aufstellt. Eins schlägt er vor, ein andres will er haben: plötzlich aber kehrt er es geschickt um, und trifft grade in das Weiße seiner Zielscheibe. Man wisse deshalb, was man ihm einräumt: und bisweilen wird es angemessen seyn, ihm zu verstehen zu geben, daß man ihn verstanden hat.

216

Die Kunst des Ausdrucks besitzen: sie besteht nicht nur in der Deutlichkeit, sondern auch in der Lebendigkeit des Vortrags. Einige haben eine glückliche Empfängniß, aber eine schwere Geburt: denn ohne Klarheit können die Kinder des Geistes, die Gedanken und Beschlüsse, nicht wohl zur Welt gebracht werden. Manche gleichen, in ihrer Fassungskraft, jenen Gefäßen, die zwar viel fassen, aber nur wenig von sich geben: Andre wieder sagen sogar mehr, als sie gedacht haben. Was für den Willen die Entschlossenheit, ist für den Verstand die Gabe des Vortrags: zwei hohe Vorzüge. Die Köpfe, welche die Gabe lichtvoller Klarheit haben, erlangen Beifall; die verworrenen werden bisweilen verehrt, weil Keiner sie versteht. Zu Zeiten ist es passend dunkel zu seyn, um nicht gemein zu werden: allein wie sollen die Hörer den begreifen, der mit dem, was er sagt, eigentlich selbst keinen Begriff verknüpft?

217

Nicht auf immer lieben, noch hassen. Seinen heutigen Freunden traue man so, als ob sie morgen Feinde seyn würden und zwar die schlimmsten. Da dieses in der Wirklichkeit Statt hat; so finde es solche auch in der Vorkehr. Man gebe nicht den Überläufern der Freundschaft Waffen in die Hände, mit denen sie nachher den blutigsten Krieg führen. Dagegen stehe den Feinden beständig die Thüre zur Versöhnung offen, und zwar sei es die des Edelsinns, als die sicherste. Manchem ist schon eine frühere Rache zur Quaal geworden und die Freude über seinen verübten bösen Streich hat sich in Betrübniß verkehrt.

218

Nie aus Eigensinn handeln, sondern aus Einsicht. Jeder Eigensinn ist ein Auswuchs des Geistes, ein Erzeugniß der Leidenschaft, welche noch nie die Dinge richtig geleitet hat. Es giebt Leute, die aus Allem einen kleinen Krieg machen, wahre Banditen des Umgangs: Alles was sie ausführen soll zu einem Siege werden und sie kennen kein friedliches Verfahren. Diese sind, wenn sie gebieten und herrschen, verderblich: denn sie machen aus der Regierung eine Faktion, und Feinde aus denen, die sie als ihre Kinder ansehn sollten. Sie wollen Alles durch Ränke vorbereiten und es sodann als die Frucht ihrer Künstelei erlangen. Allein wann die Übrigen ihren verkehrten Sinn erkannt haben; so lehnt Alles sich gegen sie auf, weiß ihre schimärischen Pläne zu stören und sie erlangen nichts, sondern tragen nur eine Last von Verdrießlichkeiten davon, indem Alle helfen ihr Leidwesen zu vermehren. Diese haben einen verschrobnen Kopf und mitunter auch ein verruchtes Herz. Gegen Ungeheuer dieser Art ist weiter nichts zu thun, als sie zu fliehen und wäre es bis zu den Antipoden, deren Barbarei leichter zu ertragen seyn wird, als die Abscheulichkeit jener.

219

Man gelte nicht für einen Mann von Verstellung, obgleich sich's ohne solche heut zu Tage nicht leben läßt. Für vorsichtig sei man gehalten, nicht für listig. Daß man schlicht in seinem Thun sei, ist Allen angenehm, wiewohl es nicht Jeder für sein eigenes Haus mag. Die Aufrichtigkeit gehe nicht in Einfalt über, und die Klugheit nicht in Arglist. Man sei lieber als ein Weiser geehrt, als wegen seiner Schlauheit gefürchtet. Die Offenherzigen werden geliebt, aber betrogen. Die größte Kunst bestehe darin, daß man bedecke was für Betrug gehalten wird. Im goldnen Zeitalter war die Gradheit an der Tagesordnung, in diesem eisernen ist es die Arglist. Der Ruf, ein Mann zu seyn, welcher weiß was er zu thun hat, ist ehrenvoll und erwirbt Zutrauen; aber der eines verstellten Menschen ist verfänglich und erregt Mißtrauen.

220

Wer sich nicht mit der Löwenhaut bekleiden kann, nehme den Fuchspelz. Der Zeit nachgeben, heißt sie überflügeln. Wer sein Vorhaben durchsetzt, wird nie sein Ansehn verlieren. Wo es mit der Gewalt nicht geht, mit der Geschicklichkeit. Auf Einem Wege oder dem andern, entweder auf der Heerstraße der Tapferkeit, oder auf dem Nebenwege der Schlauheit. Mehr Dinge hat Geschick durchgesetzt, als Gewalt, und öfter haben die Klugen die Tapfern besiegt, als umgekehrt. Wenn man eine Sache nicht erlangen kann, ist es an der Zeit sie zu verachten.

221

Nicht leicht Anlaß nehmen, sich oder Andre in Verwickelungen zu bringen. Es giebt Leute, die beständig gegen die Wohlanständigkeit anstoßen, indem sie in sich oder in Andern den Anstand verletzen. – Man kommt leicht mit ihnen zusammen und mit Unannehmlichkeit wieder auseinander. Hundert Verdrießlichkeiten des Tags sind ihnen wenig. Ihre Laune hat das Haar wider den Strich, daher sie Allen und Jedem widersprechen: sie haben sich den Verstand verkehrt angezogen, weshalb sie Alles verdammen. Jedoch sind die größten Versucher fremder Klugheit die, welche nichts gut machen und von Allem schlecht sprechen. Es giebt gar viele Ungeheuer im weiten Reiche der Unziemlichkeit.

222

Zurückhaltung ist ein sicherer Beweis von Klugheit. Ein wildes Thier ist die Zunge: hat sie sich ein Mal losgerissen; so hält es schwer sie wieder anzuketten: sie ist der Puls der Seele, an welchem die Weisen die Beschaffenheit derselben erkennen: an diesem Puls fühlt der Aufmerksame jede Bewegung des Herzens. Das Schlimmste ist, daß wer sich am meisten mäßigen sollte, es am wenigsten thut. Der Weise erspart sich Verdrießlichkeiten und Verwickelungen und zeigt seine Herrschaft über sich. Er geht seinen Weg behutsam, ein Janus an billigem Urtheil, ein Argus an Scharfblick. Momus hätte wahrlich noch eher die Augen in der Hand, als das Fensterchen auf der Brust vermissen sollen.

223

Weder aus Affektation, noch aus Unachtsamkeit, etwas ganz Besonderes an sich haben. Manche haben auffallende Sonderbarkeiten an sich, mit verrückten Gebehrden. Dergleichen sind mehr Fehler als Auszeichnungen. Und wie nun Einige wegen einer besondern Häßlichkeit des Gesichts bekannt sind, so Jene durch irgend etwas Anstößiges im äußerlichen Betragen. Dergleichen Sonderbarkeiten dienen bloß als Abzeichen, durch eine unschickliche Eigenheit, und erregen theils Gelächter, theils Widerwillen.

224

Die Dinge nie wider den Strich nehmen, wie sie auch kommen mögen. Alle haben eine rechte und eine Kehrseite, und selbst das Beste und Günstigste verursacht Schmerz, wenn man es bei der Schneide ergreift, hingegen wird das Feindseligste zur schützenden Waffe, wenn beim Griff angefaßt. Über viele Dinge hat man sich schon betrübt, über welche man sich würde gefreut haben, hätte man ihre Vortheile betrachtet. In Allem liegt Günstiges und Ungünstiges; die Geschicklichkeit besteht im Herausfinden des Vortheilhaften. Dieselbe Sache nimmt sich, in verschiedenem Lichte gesehn, gar verschieden aus: man betrachte sie also im günstigen Lichte, und verwechsele nicht das Gute mit dem Schlimmen. Hieraus entsteht es, daß Manche aus Allem Zufriedenheit, Andre aus Allem Betrübniß schöpfen. Diese Betrachtung ist eine große Schutzwehr gegen die Widerwärtigkeiten des Geschicks und eine wichtige Lebensregel für alle Zeiten und alle Stände.

225

Seinen Hauptfehler kennen. Keiner lebt, der nicht das Gegengewicht seines glänzendesten Vorzugs in sich trüge: wird nun dasselbe noch von der Neigung begünstigt; so erlangt es eine tyrannische Gewalt. Man eröffne den Krieg dawider durch Aufrufen der Sorgfalt dagegen, und der erste Schritt sei, seinen Hauptfehler sich offenbar zu machen: denn ein Mal erkannt, wird er bald besiegt seyn, vorzüglich wenn der damit Behaftete ihn eben so deutlich auffaßt, wie die Beobachter. Um Herr über sich zu seyn, muß man sich gründlich kennen. Hat man erst jenen Anführer seiner Unvollkommenheiten zur Unterwerfung gebracht, werden alle übrigen nachfolgen.

226

Stets aufmerksam seyn, Verbindlichkeiten zu erzeigen. Die Meisten reden nicht gewissenhaft, sondern je nachdem sie Verbindlichkeiten erhalten haben. Das Schlechte glaublich zu machen, ist Jeder vollkommen hinreichend, weil alles Schlechte leicht Glauben findet, sollte es zu Zeiten auch unglaublich seyn. Das Meiste und Beste was wir haben, hängt von der Meinung Andrer ab. Einige lassen sich daran genügen, daß sie das Recht auf ihrer Seite haben: das ist aber nicht hinreichend; man muß ihm durch Bemühungen nachhelfen. Jemanden zu verbinden, kostet oft wenig und hilft viel. Mit Worten erkauft man Thaten. In diesem großen Hause der Welt ist kein so unwürdiges Geräth, daß man es nicht wenigstens ein Mal im Jahre nöthig haben sollte, und dann wird man, so wenig es auch wert seyn mag, es sehr vermissen. Jeder redet von einem Gegenstand, gemäß seiner Neigung.

227

Nicht dem ersten Eindruck angehören. Einige vermählen sich gleichsam mit dem ersten Bericht, der ihnen zu Ohren kommt, so daß alle folgenden nur noch Konkubinen werden können. Da nun aber die Lüge allezeit vorauseilt; so findet nachher die Wahrheit keinen Raum. Weder darf unsern Willen der erste Gegenstand, noch unsern Verstand der erste Bericht einnehmen: denn das ist Geisteskleinheit. Manche sind wie neue Gefäße, welche von der ersten Flüssigkeit, sie sei gut oder schlecht, den Geruch behalten. Wird diese Kleinheit des Geistes nun gar bekannt, so ist sie verderblich: denn jetzt wird sie ein Spielraum boshafter Absichtlichkeit: Schlechtgesinnte beeilen sich den Leichtgläubigen mit ihrer Farbe zu erfüllen. Immer soll Raum bleiben für die zweite Untersuchung. Alexander bewahrte stets ein Ohr für die andere Partei auf. Es bleibe Raum für den zweiten und auch für den dritten Bericht. Das leichte Annehmen des Eindrucks zeugt von geringer Fähigkeit und ist nicht fern von der Leidenschaftlichkeit.

228

Kein Lästermaul seyn: noch weniger dafür gelten; denn das heißt, den Ruf eines Rufverderbers haben. Man sei nicht witzig auf fremde Kosten, welches weniger schwer, als verhaßt ist. Alle rächen sich an einem solchen dadurch, daß auch sie schlecht von ihm reden: da nun aber ihrer Viele sind und er allein; so wird er eher überwunden, als sie überführt seyn. Das Schlechte soll nie unsre Freude und daher nicht unser Thema seyn. Der Verläumder bleibt ewig verhaßt: und sollte auch dann und wann ein Großer mit ihm reden; so wird es mehr geschehn, weil ihm sein Spott Spaaß macht, als weil er seine Klugheit schätzte. Auch wird, wer Schlechtes spricht, stets noch Schlechteres hören müssen.

229

Sein Leben verständig einzutheilen verstehn; nicht wie es die Gelegenheit bringt, sondern mit Vorhersicht und Auswahl. Ohne Erholungen ist es mühselig, wie eine lange Reise ohne Gasthöfe: mannigfaltige Kenntnisse machen es genußreich. Die erste Tagereise des schönen Lebens verwende man zur Unterhaltung mit den Todten: wir leben, um zu erkennen und um uns selbst zu erkennen; also machen wahrhafte Bücher uns zu Menschen. Die zweite Tagereise bringe man mit den Lebenden zu, indem man alles Gute auf der Welt sieht und anmerkt: in Einem Lande ist nicht Alles zu finden: der Vater der Welt hat seine Gaben vertheilt, und bisweilen grade die Häßliche am reichsten ausgestattet. Die dritte Tagereise hindurch gehöre man ganz sich selber an: das letzte Glück ist zu philosophieren.

230

Die Augen bei Zeiten öffnen. Nicht Alle, welche sehn, haben die Augen offen; und nicht Alle, welche um sich blicken, sehn. Zu spät hinter die Sachen kommen, dient nicht zur Abhülfe, wohl aber zur Betrübniß. Einige fangen erst an zu sehn, wann nichts mehr zu sehn da ist, indem sie Haus und Hof zu Grunde richteten, ehe sie selbst zu Menschen wurden. Es ist schwer, *dem* Verstand beizubringen, der keinen Willen hat, und noch schwerer *dem* Willen, der keinen Verstand. Die sie umgeben, spielen mit ihnen, wie mit Blinden, zum Gelächter der Übrigen: und weil sie taub zum Hören sind, öffnen sie auch nicht die Augen zum Sehn. Auch fehlt es nicht an solchen, welche jenen Sinnenschlummer unterhalten, weil ihre Existenz darauf beruht, daß Jene nicht seien. Unglückliches Pferd, dessen Herr keine Augen hat! es wird schwerlich fett werden.

231

Nie seine Sachen sehn lassen, wann sie erst halb fertig sind: in ihrer Vollendung wollen sie genossen seyn. Alle Anfänge sind ungestalt und nachmals bleibt diese Misgestalt in der Einbildungskraft zurück. Die Erinnerung, etwas im Zustande der Unvollkommenheit gesehn zu haben, verdirbt dessen Genuß, wann es vollendet ist. Einen großen Gegenstand mit Einem Male zu genießen, verwirrt zwar das Urtheil über die einzelnen Theile, ist aber doch allein dem Geschmack angemessen. Ehe eine Sache Alles ist, ist sie nichts: und indem sie zu seyn anfängt, steckt sie noch tief in jenem ihrem Nichts. Die köstlichste Speise zubereiten zu sehn, erregt mehr Ekel als Appetit. Deshalb verhüte jeder große Meister, daß man seine Werke nicht im Embryonenzustande sehe: von der Natur selbst nehme er die Lehre an, sie nicht eher ans Licht zu bringen, als bis sie sich sehn lassen können.

232

Einen ganz kleinen kaufmännischen Anstrich haben. Nicht Alles sei Beschaulichkeit, auch Handlung muß dabei seyn. Sehr weise Leute sind meistens leicht zu betrügen: denn obgleich sie das Außerordentliche wissen; so sind sie mit dem Alltäglichen des Lebens unbekannt, welches doch nothwendiger ist. Die Betrachtung erhabener Dinge läßt ihnen für die des täglichen Treibens keine Zeit. Da sie nun das Erste, was sie wissen sollten und was Allen auf ein Haar bekannt ist, nicht wissen; so werden sie entweder bewundert, oder von der oberflächlichen Menge für unwissend gehalten. Daher trage der kluge Mann Sorge, etwas vom Kaufmann an sich zu haben, grade so viel als hinreicht, um nicht betrogen und sogar ausgelacht zu werden. Er sei ein Mann auch für's tägliche Thun und Treiben, welches zwar nicht das Höchste, aber doch das Nothwendigste im Leben ist. Wozu dient das Wissen, wenn es nicht praktisch ist? und zu leben verstehn, ist heut zu Tage das wahre Wissen.

233

Den fremden Geschmack nicht verfehlen: sonst macht man ihm, statt eines Vergnügens, einen Verdruß. Einige erregen, indem sie eine Verbindlichkeit erzeigen wollen, Mißfallen, weil sie die verschiedenen Sinnesarten nicht begreifen. Manches ist dem Einen eine Schmeichelei, dem Andern eine Kränkung; und Manches, was eine Artigkeit seyn sollte, war eine Beleidigung. Oft hat es mehr gekostet, Jemanden Mißvergnügen zu bereiten, als es gekostet haben würde, ihm Vergnügen zu machen: man verliert alsdann den Dank und das Geschenk, weil man den Leitstern zum fremden Wohlgefallen verloren hatte. Wer den Sinn des Andern nicht kennt, wird ihn schwerlich befriedigen. Daher auch kam es, daß Mancher ein Lob zu äußern vermeinte und einen Tadel aussprach, zu seiner wohlverdienten Strafe. Andre wieder glauben durch ihre Beredsamkeit zu unterhalten, und martern den Geist durch ihre Geschwätzigkeit.

234

Nie die Ehre Jemanden in die Hände geben, ohne die seinige zum Unterpfand zu haben. Man muß so gehn, daß der beiderseitige Vortheil im Schweigen, der Schaden in der Mittheilung liege. Wo die Ehre im Spiel ist, muß stets der Handel ganz gemeinschaftlich seyn, so daß Jeder von Beiden für die Ehre des Andern, seiner eignen Ehre wegen, Sorge tragen muß. Nie soll man die Ehre dem Andern anvertrauen: geschieht es dennoch ein Mal; so sei es so künstlich angelegt, daß hier wirklich die Klugheit der Vorsicht weichen konnte. Die Gefahr sei gemeinsam und der Fall gegenseitig, damit nicht etwa *der* zu einem Zeugen werde, der sich bewußt ist Theilhaber zu seyn.

235

Zu bitten verstehn. Bei Einigen ist nichts schwerer, bei Andern nichts leichter. Denn es giebt Leute, die nichts abzuschlagen im Stande sind: bei solchen ist kein Dietrich vonnöthen. Allein es giebt Andre, deren erstes Wort, zu allen Stunden, Nein ist: bei diesen bedarf es der Geschicklichkeit, bei Allen aber der gelegenen Zeit. Man überrasche sie bei fröhlicher Laune, wann die vorhergegangene Mahlzeit des Leibes oder des Geistes sie aufgeheitert hat; nur daß nicht etwa schon ihre kluge Vorhersicht der Schlauheit des sie Versuchenden zuvorgekommen sei. Die Tage der Freude sind die der Gunst, da jene aus dem Innern ins Äußere überströhmt. Man trete nicht heran, wann man eben einen Andern abgewiesen sah: denn nun ist die Scheu vor dem Nein schon abgeworfen. Nach traurigen Ereignissen ist keine gute Gelegenheit. Den Andern zum voraus verbinden, ist ein Austausch, wo man es nicht mit gemeinen Seelen zu thun hat.

236

Eine vorhergängige Verpflichtung aus dem machen, was nachher Lohn gewesen wäre. Dies ist eine Geschicklichkeit sehr kluger Köpfe: die Gunst, vor dem Verdienst erzeigt, beweist einen Mann der Gefühl für Verpflichtungen hat. Die so zum voraus erwiesene Gunst hat zwei große Vorzüge: die Schnelligkeit des Gebers verpflichtet den Empfänger um so stärker: und dieselbe Gabe, welche nachmals Schuldigkeit wäre, wird, zum voraus ertheilt, zur Verbindlichkeit des Andern. Dies ist eine sehr feine Weise, die Verpflichtungen zu vertauschen, indem die des Erstern zum Belohnen, jetzt sich in die des Verbundenen zum Leisten verwandelt. Jedoch ist dies nur zu verstehn von Leuten, welche Gefühl für Verpflichtungen haben: denn für niedrige Gemüther würde der zum voraus ertheilte Ehrensold mehr ein Zaum, als ein Sporn seyn.

237

Nie um die Geheimnisse der Höheren wissen. Man glaubt Kirschen mit ihnen zu essen, wird aber nur die Steine erhalten. Vielen gereichte es zum Verderben, daß sie Vertraute waren: sie gleichen einem Löffel aus Brod und laufen nachher dieselbe Gefahr wie dieser. Die Mittheilung eines Geheimnisses von Seiten des Fürsten ist keine Gunst, sondern ein Drang seines Herzens. Schon Viele zerbrachen den Spiegel, weil er sie an ihre Häßlichkeit erinnerte. Wir mögen den nicht sehn, der uns hat sehn können; und der ist nicht gern gesehn, der etwas Schlechtes von uns sah. Keiner darf uns gar zu sehr verpflichtet seyn, am wenigsten ein Mächtiger, und dann noch eher durch etwas Gutes, das wir ihm erzeigt, als durch Begünstigungen dieser Art. Besonders gefährlich sind freundschaftlich anvertraute Heimlichkeiten. Wer dem Andern sein Geheimniß mittheilt, macht sich zu dessen Sklaven: einem Fürsten ist dies ein gewaltsamer Zustand, der nicht dauern kann: er wird seine verlorene Freiheit wiedererlangen wollen, und um das zu erreichen, wird er Alles mit Füßen treten, selbst Recht und Vernunft. Also Geheimnisse soll man weder hören, noch sagen.

238

Wissen welche Eigenschaft uns fehlt. Viele wären ganze Leute, wenn ihnen nicht etwas abginge, ohne welches sie nie zum Gipfel der Vollkommenheit gelangen können. An Einigen ist es bemerkbar, daß sie sehr viel seyn könnten, wenn sie sich in einer Kleinigkeit besserten: so etwa fehlt es ihnen an Ernst, was große Fähigkeiten verdunkeln kann: Andern geht die Freundlichkeit des Wesens ab; eine Eigenschaft, welche ihre nächste Umgebung bald vermissen wird, zumal wenn sie Leute im Amt sind. Andern wieder fehlt es an Thatkraft, noch Andern an Mäßigung. Allen diesen Übelständen würde leicht abzuhelfen seyn, wenn man sie nur selbst bemerkte: denn Sorgfalt kann aus der Gewohnheit eine zweite Natur machen.

239

Nicht spitzfindig seyn; sondern klug, woran mehr gelegen. Wer mehr weiß als erfordert ist, gleicht einer zu feinen Spitze, dergleichen gewöhnlich abbricht. Ausgemachte Wahrheit giebt mehr Sicherheit. Es ist gut, Verstand zu haben, aber nicht ein Schwätzer zu seyn. Weitläuftige Erörterungen sind schon dem Streite verwandt. Besser ist ein guter solider Kopf, der nicht mehr denkt als die Sache mit sich bringt.

240

Von der Dummheit Gebrauch zu machen verstehn. Der größte Weise spielt bisweilen diese Karte aus, und es giebt Gelegenheiten, wo das beste Wissen darin besteht, daß man nicht zu wissen scheine. Man soll nicht unwissend seyn, wohl aber es zu seyn affektieren. Bei den Dummen weise und bei den Narren gescheut seyn, wird wenig helfen. Man rede also zu Jedem seine Sprache. Nicht der ist dumm, der Dummheit affektiert; sondern der, welcher an ihr leidet: die aufrichtige, nicht die falsche Dummheit ist die wirkliche; da die Geschicklichkeit es schon so weit getrieben hat. Das einzige Mittel, beliebt zu seyn, ist, daß man sich mit der Haut des einfältigsten der Thiere bekleide.

241

Neckereien dulden, jedoch nicht ausüben. Jenes ist eine Art Höflichkeit; dieses kann in Verwickelungen bringen. Wer am Feiertage verdrießlich wird, hat viel Bestialisches und zeigt noch mehr. Die kühne Neckerei ist ergötzlich: sie ertragen zu können, beweist, daß man Kopf hat. Wer sich darüber gereitzt zeigt, giebt Anlaß, daß der Andre ebenfalls gereitzt werde. Das Beste ist also sich der Neckerei nicht anzunehmen, und das Sicherste, sie nicht ein Mal zu bemerken. Stets sind die ernstlichsten Händel aus Scherzen hervorgegangen. Es giebt daher nichts, was mehr Aufmerksamkeit und Geschicklichkeit erforderte: ehe man zu scherzen anfängt, sollte man schon wissen, bis zu welchem

Punkte die Gemüthsart dessen, den es betrifft, es dulden wird.

242

Den günstigen Erfolg weiter führen. Einige verwenden alle ihre Kraft auf den Anfang und vollenden nichts. Sie erfinden, aber führen nicht aus. Dies ist Wankelmuth des Geistes. Auch erlangen sie keinen Ruhm, weil sie nichts verfolgen, sondern Alles in's Stocken gerathen lassen. Allerdings entspringt dies bei Einigen aus Ungeduld, welche der Makel der Spanier ist, wie hingegen Geduld der Vorzug der Belgier. Diese werden mit den Dingen fertig; mit Jenen die Dinge. Bis die Schwierigkeit überwunden ist, verwenden sie allen Schweiß darauf, sind aber dann mit ihrem Siege zufrieden und verstehn nicht ihn zu Ende zu führen: sie beweisen, daß sie es könnten, aber nicht wollen: dies liegt denn aber doch am Unvermögen, oder am Leichtsinn. Ist das Unternehmen gut, warum wird es nicht vollendet? ist es schlecht, warum ward es angefangen? Der Kluge erlege sein Wild, und begnüge sich nicht es aufgejagt zu haben.

243

Nicht gänzlich eine Taubennatur haben; sondern schlau wie die Schlange und ohne Falsch wie die Taube seyn. Nichts ist leichter, als einen redlichen Mann zu hintergehn. Viel glaubt, wer nie lügt, und Viel traut, wer nie täuscht. Es entspringt nicht allemal aus Dummheit, daß man betrogen wird;

sondern bisweilen aus Güte. Zwei Arten von Leuten wissen sich gut vor Schaden zu hüten: die Erfahrnen, gar sehr auf ihre Kosten; und die Verschmitzten, gar sehr auf fremde. Die Klugheit gehe eben so weit im Argwohn, als die Verschmitztheit im Fallestellen, und Keiner wolle in dem Maaße redlich seyn, daß er den Andern Gelegenheit gebe unredlich zu seyn. Man vereinige in sich die Taube und die Schlange, nicht als ein Ungeheuer, vielmehr als ein Wunder.

244

Zu verpflichten verstehn. Manche verwandeln ihre eigene Verpflichtung in die des Andern, und wissen der Sache den Schein, oder doch zu verstehn zu geben, daß sie eine Gunst erzeigen, während sie eine empfangen. Aus ihrem eigenen Vortheil machen sie eine Ehre für den Andern, und lenken die Sachen so geschickt, daß es aussieht als leisteten sie dem Andern einen Dienst, indem sie sich von ihm beschenken lassen. Mit dieser sonderbaren Schlauheit versetzen sie die Ordnung der Verbindlichkeiten, oder machen es wenigstens zweifelhaft, wer dem Andern eine Gunst erzeigt. Das Schönste und Beste kaufen sie für bloße Lobeserhebungen, und aus dem Wohlgefallen, welches sie an einer Sache äußern, machen sie eine schmeichelhafte Ehre. So legen sie der Höflichkeit Verpflichtungen auf und machen eine Schuldigkeit aus dem, wofür sie sehr dankbar seyn sollten. Dergestalt verwandeln sie das Passive der Verbindlichkeit in das Aktive, worin sie bessere Politiker als Grammatiker sind. Das ist eine große Feinheit; allein eine größere wäre, das Ding zu verstehn und solchen Narrenhandel wieder rückgängig zu machen, indem man ihnen ihre erzeigte Ehre wieder zustellt und dafür seinerseits auch wieder zu dem Seinigen gelangte.

245

Originelle und vom Gewöhnlichen abweichende Gedanken äußern, ist ein Zeichen eines überlegenen Geistes. Wir dürfen den nicht schätzen, der uns nie widerspricht: denn dadurch zeigt er keine Liebe zu uns, vielmehr zu sich. Man lasse sich nicht durch Schmeichelei täuschen und zahle für dieselbe; sondern man verwerfe sie. Auch rechne man es sich zur Ehre von Einigen getadelt zu werden, zumal von solchen, die von allen Trefflichen schlecht reden. Hingegen soll es uns betrüben, wenn unsere Sachen Allen gefallen; weil es ein Zeichen ist, daß sie nicht taugen: denn das Vortreffliche ist für Wenige.

246

Nie dem Rechenschaft geben, der sie nicht gefordert hat, und selbst wenn sie gefordert wird, ist es eine Art Vergehn, darin mehr als nöthig zu thun. Sich ehe Anlaß da ist entschuldigen, heißt sich anklagen: und sich bei voller Gesundheit zu Ader lassen, heißt dem Übel, oder der Bosheit, zuwinken. Die von selbst gemachte Entschuldigung weckt das schlafende Mißtrauen. Auch soll der Kluge einen fremden Verdacht nicht zu merken scheinen: denn das hieße die Beleidigung aufsuchen; sondern er soll denselben alsdann durch die Rechtlichkeit seines Thuns widerlegen.

247

Etwas mehr wissen und etwas weniger leben. Andre sagen es umgekehrt. Gute Muße ist besser als Geschäfte. Nichts gehört unser, als nur die Zeit, in welcher selbst der lebt, der keine Wohnung hat. Es ist gleich unglücklich, das kostbare Leben mit mechanischen Arbeiten, oder mit einem Übermaaß erhabener Beschäftigungen hinzubringen. Man überhäufe sich nicht mit Geschäften und mit Neid; sonst stürzt man sein Leben hinunter und erstickt den Geist. Einige wollen dies auch auf das Wissen ausdehnen: aber wer nichts weiß, der lebt auch nicht.

248

Der Letzte behalte bei uns nicht allemal Recht. Es giebt Leute des letzten Berichts, deren Ungebührlichkeit aufs Äußerste geht. Ihr Denken und Wollen ist von Wachs: der Letzte drückt sein Siegel auf und verwischt die früheren. Diese sind nie gewonnen, weil man sie eben so leicht wieder verliert. Jeder färbt sie mit seiner Farbe. Zu Vertrauten taugen sie nicht, und ihr ganzes Leben bleiben sie Kinder. Zwischen diesem Wechsel des Meinens und Wollens hin und her geworfen, hinken sie stets am Willen und am Verstande, und wanken von der einen zur andern Seite.

249

Nicht sein Leben mit dem anfangen, womit man es zu beschließen hätte. Manche nehmen die Erholung am Anfang, und lassen die Mühe für das Ende zurück: allein erst komme das Wesentliche, nachher, wenn Raum ist, die Nebendinge. Andre wollen triumphieren, ehe sie gekämpft haben. Wieder Andre fangen damit an, das zu lernen, woran wenig gelegen ist, und schieben die Studien, von welchen sie Ehre und Nutzen hoffen, für das Ende des Lebens auf. Jener hat noch nicht einmal angefangen sein Glück zu machen, und schon schwindelt ihm vor Dünkel der Kopf. Methode ist unerläßlich zum wissen und zum leben.

250

Wann hat man die Gedanken auf den Kopf zu stellen? Wann verschmitzte Tücke redet. Bei Einigen muß Alles umgekehrt verstanden werden: ihr Ja ist Nein, und ihr Nein Ja. Reden sie von einer Sache nachtheilig; so bedeutet dieses, daß sie solche hochschätzen: denn wer sie für sich haben will, setzt sie bei Andern herab. Nicht Jeder, der lobt, redet gut von der Sache: denn Manche werden, um die Guten nicht zu loben, auch die Schlechten loben: für wen aber Keiner schlecht ist, für den ist auch Keiner gut.

251

Man wende die menschlichen Mittel an, als ob es keine göttliche, und die göttlichen, als ob es keine menschliche gäbe. Große Meisterregel, die keines Kommentars bedarf.

252

Weder ganz sich, noch ganz den Andern angehören: denn Beides ist eine niederträchtige Tyrannei. Daraus, daß Einer sich ganz für sich allein besitzen will, folgt alsbald, daß er auch alle Dinge für sich haben will. Solche Leute wollen nicht in der geringsten Sache nachgeben, noch das Mindeste von ihrer Bequemlichkeit opfern. Sie sind nicht verbindlich, sondern verlassen sich auf ihre Glücksumstände, welche Stütze jedoch unter ihnen zu brechen pflegt. Man muß bisweilen auch den Andern angehören, damit sie wieder uns angehören. Wer aber ein öffentliches Amt hat, muß der öffentliche Sklave seyn; oder er lege die Würde mit der Bürde nieder, würde die Alte des Hadrian sagen.* Im Gegentheil giebt es auch Leute, welche ganz den Andern angehören: denn die Thorheit geht stets ins Übertriebene, hier aber auf eine unglückliche Art. Diese haben keinen Tag und keine Stunde für sich, sondern gehören in solchem Übermaaß den Andern an, daß Einer schon der Diener Aller genannt wurde. Dies erstreckt sich sogar auf den Verstand, indem sie für Alle wissen und bloß für sich unwissend sind. Der Aufmerksame begreife, daß Keiner *ihn* sucht, sondern Jeder seinen Vortheil in ihm, oder durch ihn.

* welche bekanntlich dem Kaiser, als er sie mit »ich habe keine Zeit« abwies, zurief: »so sei kein Kaiser!«

253

Keinen allzu deutlichen Vortrag haben. Die Meisten schätzen nicht was sie verstehn; aber was sie nicht fassen können, verehren sie. Um geschätzt zu werden, müssen die Sachen Mühe kosten: daher wird gerühmt, wer nicht verstanden wird. Stets muß man weiser und klüger scheinen, als grade der, mit dem man zu thun hat, es nöthig macht; um ihm eine hohe Meinung einzuflößen: jedoch nicht übertrieben, sondern verhältnißmäßig. Und obgleich bei Leuten von Einsicht Sinn und Verstand allemal viel gilt; so ist doch bei den meisten Leuten einiger Aufputz vonnöthen. Zum Tadeln müssen sie gar nicht kommen können, indem sie schon am Verstehn genug zu thun haben. Viele loben Etwas, und frägt man sie; so haben sie keinen Grund anzuführen. Woher dies? Alles Tiefverborgene verehren sie als ein Mysterium, und rühmen es, weil sie es rühmen hören.

254

Ein Übel nicht geringachten, weil es klein ist: denn nie kommt eines allein: sie sind verkettet, wie auch die Glücksfälle. Glück und Unglück gehn gewöhnlich dahin, wo schon das meiste ist. Dazu kommt, daß Alle den Unglücklichen fliehen und sich dem Glücklichen anschließen: sogar die Tauben, bei aller ihrer Arglosigkeit, laufen nach dem weißesten Geräth. Einen Unglücklichen läßt Alles im Stich, er sich selbst, die Gedanken, der Leitstern. Man wecke nicht das Unglück, wann es schläft. Ein

Ausgleiten ist wenig: jedoch kann dieses unglückliche Fallen sich noch fortsetzen und da weiß man nicht wohin es endlich führen wird. Denn wie kein Gut in jeder Hinsicht vollständig ist; so ist auch kein Übel je gänzlich vollendet. Für die, so vom Himmel kommen, ist uns die Geduld; für die, so von der Erde, die Klugheit verliehen.

255

Gutes zu erzeigen verstehn: wenig auf ein Mal, hingegen oft. Nie muß man dem Andern so große Verbindlichkeiten auflegen, daß es unmöglich wäre, ihnen nachzukommen. Wer sehr Vieles giebt, giebt nicht, sondern verkauft. Auch soll man nicht die vollständigste Erkenntlichkeit verlangen: denn wenn der Andre sieht, daß sie seine Kräfte übersteigt, wird er den Umgang abbrechen. Bei Vielen ist, um sie zu verlieren, nichts weiter nöthig, als sie übermäßig zu verpflichten: um ihre Schuld nicht abzutragen, ziehn sie sich zurück, und werden aus Verpflichteten Feinde. Der Götze möchte nie den Bildhauer, der ihn gemacht hat, vor sich sehn; und eben so ungern hat der Verpflichtete seinen Wohlthäter vor Augen. Eine große Feinheit beim Geben besteht darin, daß es wenig koste und doch sehr ersehnt sei, wodurch es hoch angeschlagen wird.

256

Allezeit auf seiner Hut seyn gegen Unhöfliche, Eigensinnige, Anmaaßliche und Narren jeder Art. Man stößt auf viele, und die Klugheit besteht darin, nicht mit ihnen aneinander zu gerathen. Vor dem Spiegel seiner Überlegung waffne man sich jeden Tag mit Vorsätzen in dieser Hinsicht: so wird man die Gefahren, welche die Narrheit uns in den Weg legt, überwinden. Man denke reiflich darüber nach, und dann wird man sein Ansehn nicht gemeinen Zufälligkeiten bloß stellen. Ein mit Klugheit ausgerüsteter Mann wird von den Ungebührlichkeiten nicht angefochten werden. Unser Weg im Umgang mit Menschen ist deshalb schwierig, weil er voll Klippen ist, an denen unser Ansehn scheitern kann. Das Sicherste ist sich entfernt zu halten, die Schlauheit des Odysseus zum Vorbild nehmend. Von großem Nutzen ist in Dingen dieser Art das erkünstelte Versehn: von der Höflichkeit unterstützt hilft es uns über Alles hinweg, wie es denn ein einziger Richtweg auf allen Verwickelungen ist.

257

Es nie zum Bruche kommen lassen: denn bei einem solchen kommt unser Ansehn allemal zu Schaden. Jeder ist als Feind von Bedeutung, wenn gleich nicht als Freund. Gutes können Wenige uns erweisen, Schlimmes fast Alle. Im Busen des Jupiters selbst nistet sein Adler nicht sicher, von dem Tage an, wo er mit einem Käfer gebrochen hat. Mit der Klaue des erklärten Feindes schüren die heimlichen das Feuer an, indem sie nur auf die Gelegenheit gelauert hatten. Aus verdorbenen Freunden werden die schlimmsten Feinde. Mit den fremden Fehlern wollen sie, in den Augen der Zuschauer, ihre eigenen überdecken. Jeder redet, wie es ihm scheint, und es scheint ihm, wie er es wünscht. Alle sprechen uns schuldig, entweder weil es uns am Anfang an Vorhersicht, oder am Ende an Geduld, immer aber weil es uns an Klugheit gefehlt habe. – Ist jedoch eine Entfernung nicht zu vermeiden; so sei sie zu entschuldigen, und sei eher eine Lauheit der Freundschaft als ein Ausbruch der Wuth: Hier findet nun der bekannte Satz von einem schönen Rückzuge treffende Anwendung.

258

Man suche sich Jemanden, der das Unglück tragen hilft. So wird man nie, zumal nicht bei Gefahren, allein seyn, und nicht den ganzen Haß auf sich laden. Einige vermeinen, die ganze Ehre der obern Leitung allein davon zu tragen, und tragen nachher die ganze öffentliche Unzufriedenheit davon. Auf die andre Art hingegen, hat man Jemanden, von dem man entschuldigt wird, oder der das Schlimme tragen hilft. Weder das Geschick noch der große Haufe wagen sich so leicht an zwei; deshalb auch der schlaue Arzt, wenn er die Kur verfehlt hat, doch nicht verfehlt sich einen andern zu suchen, der, unter dem Namen einer Konsultation, ihm hilft, den Sarg hinauszuschaffen. Man theile mit einem Gefährten Bürden und Betrübnisse: denn dem, der allein steht, fällt das Unglück doppelt unerträglich.

259

Den Beleidigungen zuvorkommen und sie in Artigkeiten verwandeln: es ist schlauer sie zu vermeiden, als sie zu rächen. Eine ungemeine Geschicklichkeit ist es, einen Vertrauten aus dem zu machen, der ein Nebenbuler werden sollte, oder Schutzwehren seiner Ehre aus denen, welche Angriffe auf dieselbe drohten. Viel thut hiezu, daß man Verbindlichkeiten zu erzeigen wisse: denn schon die Zeit zu Beleidigungen nimmt der weg, welcher veranlaßt, daß Danksagungen sie ausfüllen. Das heißt zu leben wissen, wenn man das, was Verdruß werden sollte, zu Annehmlichkeiten umschafft. Aus dem Mißwollen selbst mache man einen vertraulichen Umgang.

260

Keinem werden wir, und Keiner uns, ganz angehören: dazu ist weder Verwandschaft, noch Freundschaft, noch die dringendeste Verbindlichkeit hinreichend. Denn sein ganzes Zutrauen, oder seine Neigung schenken, sind zwei weit verschiedene Dinge. Auch die engste Verbindung läßt immer noch Ausnahmen zu, ohne daß deshalb die Gesetze der Freundschaft verletzt wären. Immer behält sich der Freund irgend ein Geheimniß vor, und in irgend etwas verbirgt sogar der Sohn sich vor dem Vater. Gewisse Dinge verhehlt man dem Einen und theilt sie dem Andern mit, und wieder umgekehrt: wodurch man dahin gelangt, daß man Alles mittheilt und Alles zurückbehält, nur stets mit Unterschied der entsprechenden Personen.

261

Nicht seine Thorheit fortsetzen. Manche machen aus einem mißlungenen Unternehmen eine Verpflichtung, und weil sie einen Irrweg eingeschlagen haben, meinen sie, es sei Charakterstärke darauf weiter zu gehn. Innerlich klagen sie ihren Irrthum an, aber äußerlich entschuldigen sie ihn. Dadurch geschieht es, daß wenn sie beim Beginn der Thorheit als unüberlegt getadelt wurden, sie beim Verfolgen derselben als Narren bestätigt werden. Weder das unüberlegte Versprechen, noch der irrige Entschluß legen Verbindlichkeit auf. Allein auf jene Weise setzen Einige ihre erste Tölpelei fort und wollen beharrlich Querköpfe seyn.

262

Vergessen können: es ist mehr ein Glück, als eine Kunst. Der Dinge, welche am meisten für's Vergessen geeignet sind, erinnern wir uns am besten. Das Gedächtniß ist nicht allein widerspänstig, indem es uns verläßt, wann wir es am meisten brauchen, sondern auch thöricht, indem es herangelaufen kommt, wann es sich gar nicht paßt. In Allem, was uns Pein verursacht, ist es ausführlich, aber in dem, was uns ergötzen könnte, nachlässig. Oft besteht das einzige Heilmittel unsrer Schmerzen im Vergessen; aber wir vergessen das Heilmittel. Man muß jedoch seinem Gedächtniß bequeme Gewohnheiten beibringen: denn es reicht hin, Seeligkeit oder Hölle zu schaffen. Auszunehmen sind hier die Zufriedenen, welche im Stande ihrer Unschuld ihre einfältige Glückseligkeit genießen.

263

Manche Dinge muß man nicht eigenthümlich besitzen. Man genießt solche besser als fremde, denn als eigene: ihr Gutes ist den ersten Tag für den Besitzer, alle folgenden für die Andern. Fremde Sachen genießt man doppelt, nämlich ohne die Sorge wegen der Beschädigung, und dann mit dem Reiz der Neuheit. Alles schmeckt besser nach dem Entbehren: sogar das fremde Wasser scheint Nektar. Der Besitz der Dinge vermindert nicht nur unsern Genuß, sondern er vermehrt auch unsern Verdruß, sowohl beim Ausleihen, als beim Nichtausleihen: man hat nichts davon, als daß man die Sachen für Andre unterhält, wobei man sich mehr Feinde macht, als Erkenntliche.

264

Keine Tage der Nachlässigkeit haben. Das Schicksal gefällt sich darin, uns einen Possen zu spielen, und wird alle Zufälle zu Haufen bringen, um uns unversehens zu fangen. Stets zur Probe bereit muß der Kopf, die Klugheit und die Tapferkeit seyn, sogar auch die Schönheit: denn der Tag ihres sorglosen Vertrauens wird der Sturz ihres Ansehens seyn. Wann die Aufmerksamkeit am nöthigsten ist, fehlt sie jedes Mal: denn das nicht Denken ist das Beinstellen zu unserm Verderben. Zudem pflegt es eine Kriegslist feindlicher Absichtlichkeit zu seyn, daß sie die Vollkommenheiten, wann sie unbesorgt sind, zur strengen Prüfung ihres Werthes zieht. Die Tage der Parade kennt man schon, daher läßt die List sie vorübergehn: aber den Tag, wo man es am wenigsten erwartete, wählt sie aus, um den Werth auf die Probe zu stellen.

265

Seine Untergebenen in die Nothwendigkeit des Handelns zu versetzen verstehn. Eine durch die Umstände herbeigeführte Nothwendigkeit zu handeln hat Manche mit Einem Male zu ganzen Leuten gemacht, wie die Gefahr zu ertrinken Schwimmer. Auf diese Weise haben Viele ihre eigene Tapferkeit, ja sogar ihre Kenntniß und Einsicht entdeckt, welche, ohne solchen Anlaß, unter ihrem Kleinmuth begraben geblieben wäre. Die Gefahren sind die Gelegenheit sich einen Namen zu gründen, und sieht ein Edler seine Ehre auf dem Spiel, wird er für Tausend wirksam seyn. Obige Lebensregel verstand, wie auch alle übrigen, aus dem Grunde die Königin Isabella die Katholische, und einer klugen Begünstigung dieser Art von ihr verdankt der Große Feldherr seinen Ruf, und viele Andre ihren unsterblichen Ruhm. Durch diese Feinheit hat sie große Männer gemacht.

266

Nicht aus lauter Güte schlecht seyn: der ist es, welcher sich nie erzürnt. Diese unempfindlichen Menschen verdienen kaum für Leute zu gelten. Es entsteht nicht immer aus Trägheit, sondern oft aus Unfähigkeit. Eine Empfindlichkeit, bei gehörigem Anlaß, ist ein Akt der Persönlichkeit: die Vögel machen sich bald über den Strohmann lustig. Das Süße mit dem Sauern abwechseln lassen, beweist einen guten Geschmack. Das Süße ganz allein ist für Kinder und Narren. Es ist sehr übel, wenn man aus lauter Güte in solche Gefühllosigkeit versinkt.

267

Seidene Worte und freundliche Sanftmuth. Pfeile durchboren den Leib, aber böse Worte die Seele. Ein wohlriechender Teig verursacht einen angenehmen Athem. Es ist eine große Lebensklugheit, es zu verstehn die Luft zu verkaufen. Das Meiste wird mit Worten bezahlt, und mittels ihrer kann man Unmöglichkeiten durchsetzen. So treibt man in der Luft Handel mit der Luft; und der königliche Athem vermag Muth und Kraft einzuflößen. Allezeit habe man den Mund voll Zucker, um seine Worte damit zu versüßen, so daß sie selbst dem Feinde wohlschmecken. Um liebenswürdig zu seyn, ist das Hauptmittel friedfertig zu seyn.

268

Der Kluge thue gleich Anfangs, was der Dumme erst am Ende. Der Eine und der Andre thut das selbe: nur in der Zeit liegt der Unterschied: jener thut es zur rechten, dieser zur unrechten. Wer sich einmal von Haus aus den Verstand verkehrt angezogen hat, fährt immer so fort: was er auf den Kopf setzen sollte, trägt er an den Füßen, aus dem Linken macht er das Rechte und ist so ferner in allem seinen Thun linkisch. Nur Eine gute Art auf den rechten Weg zu kommen giebt es für ihn, wann er nämlich gezwungen thut, was er hätte freiwillig thun können. Der Kluge dagegen sieht gleich was früh oder spät geschehn muß: und da führt er es gernwillig und mit Ehren aus.

269

Sich sein Neuseyn zu Nutze machen: denn so lange Jemand noch neu ist, ist er geschätzt. Das Neue gefällt, der Abwechselung wegen, allgemein, der Geschmack erfrischt sich daran, und eine funkelnagelneue Mittelmäßigkeit wird höher geschätzt, als ein schon gewohntes Vortreffliches. Das Ausgezeichnete nutzt sich ab und wird allmälig alt. Jedoch soll man wissen, daß jene Glorie der Neuheit von kurzer Dauer seyn wird: nach vier Tagen wird die Hochachtung sich schon verlieren. Deshalb verstehe man, sich diese Erstlinge der Werthschätzung zu Nutze zu machen und ergreife auf dieser schnellen Flucht des Beifalls alles, wonach man füglich trachten kann. Denn ist einmal die Hitze der Neuheit vorüber; so kühlt sich die Leidenschaft ab: dann muß die Begünstigung des Neuen gegen den Überdruß am Gewöhnlichen vertauscht werden, und man glaube nur, daß Alles eben so seine Zeit gehabt hat, welche vorübergieng.

270

Was Vielen gefällt, nicht allein verwerfen. Etwas Gutes muß daran seyn, da es so Vielen genügt, und läßt es sich auch nicht erklären, so wird es doch genossen. Die Absonderung ist stets verhaßt und, wenn irrthümlich, lächerlich. Man wird eher dem Ansehn seiner Auffassungsgabe, als dem des Gegenstandes schaden, und dann bleibt man mit seinem schlechten Geschmack allein. Kann man das Gute nicht herausfinden; so verhehle man seine Unfähigkeit und verdamme die Sache nicht schlechthin. Gewöhnlich entspringt der schlechte Geschmack aus Unwissenheit. Was Alle sagen, ist; oder will doch seyn.

271

In jedem Fache halte sich, wer wenig weiß, stets an das Sicherste: wird er dann auch nicht für fein, so wird er doch für gründlich gelten. Wer hingegen unterrichtet ist, kann sich einlassen und nach Gutdünken handeln. Allein, wenig wissen und sich doch in Gefahr setzen, heißt freiwillig sein Verderben suchen. Vielmehr halte man sich alsdann immer zur rechten Hand: denn das Ausgemachte kann nicht fehlen. Für geringe Kenntnisse ist die Heerstraße; und in allen Fällen, man sei kundig oder unkundig, ist Sicherheit immer klüger als Absonderung.

272

Die Sachen um den Höflichkeitspreis verkaufen: dadurch verpflichtet man am meisten. Nie wird die Forderung des Interessierten der Gabe des edelmüthigen Verpflichteten gleich kommen. Die Höflichkeit schenkt nicht, sondern legt eine Verpflichtung auf, und die edle Sitte ist die größte Verpflichtung. Für den rechtlichen Mann ist keine Sache theurer, als die, welche man ihm schenkt: man verkauft sie ihm dadurch zwei Mal und für zwei Preise, den des Werthes und den der Höflichkeit. Inzwischen ist es wahr, daß für den Niedrigdenkenden die edle Sitte Kauderwelsch ist: denn er versteht die Sprache des guten Vernehmens nicht.

273

Die Gemüthsarten derer, mit denen man zu thun hat, begreifen: um ihre Absichten zu ergründen. Denn ist die Ursache richtig erkannt; so ist es auch die Wirkung, erstlich aus jener, sodann aus dem Motiv. Der Melancholische sieht stets Unglücksfälle, der Boshafte Verbrechen voraus: denn immer stellt sich ihnen das Schlimmste dar, und da sie des gegenwärtigen Guten nicht inne werden; so verkünden sie das mögliche Übel vorher. Der Leidenschaftliche redet stets eine fremde Sprache, die von dem, was die Dinge sind, abweicht: aus ihm spricht die Leidenschaft, nicht die Vernunft. So redet Jeder gemäß seinem Affekt, oder seiner Laune, und Alle gar fern von der Wahrheit. Man lerne ein Gesicht entziffern und aus den Zügen die Seele herausbuchstabieren. Man erkenne in dem, der immer lacht, einen Narren, in dem, der nie lacht, einen Falschen. Man hüte sich vor dem Frager, weil er leichtsinnig, oder ein Späher ist. Wenig Gutes erwarte man von dem Mißgestalteten: denn diese pflegen sich an der Natur zu rächen, und wie sie ihnen wenig Ehre erzeigte, so sie ihr keine. So groß als die Schönheit eines Menschen, pflegt seine Dummheit zu seyn.

274

Anziehungskraft besitzen: sie ist ein Zauber kluger Höflichkeit. Man benutze diesen Magnet seiner angenehmen Eigenschaften mehr zur Erwerbung der Zuneigung als wirklicher Vortheile, doch auch zu Allem. Verdienste reichen nicht aus, wenn sie nicht von der Gunst unterstützt werden, welche es eigentlich ist, die den Beifall verleiht. Das wirksamste Werkzeug der Herrschaft über Andre, das im Schwunge seyn, ist Sache des Glücks: doch läßt es sich durch Kunst befördern: denn wo ausgezeichnete natürliche Anlagen sind, faßt das Künstliche besser Wurzel. Durch jenes nun gewinnt man die Herzen und allmälig kommt man in den Besitz der allgemeinen Gunst.

275

Mitmachen, so weit es der Anstand erlaubt. Man mache sich nicht immer wichtig und widerwärtig: dies gehört zur edlen Sitte. Etwas kann man sich von seiner Würde vergeben, um die allgemeine

Zuneigung zu gewinnen: man lasse sich zuweilen das gefallen, was die Meisten sich gefallen lassen; jedoch ohne Unanständigkeit. Denn wer öffentlich für einen Narren gilt, wird nicht im Stillen für gescheut gehalten werden. An Einem Tage der Lustigkeit kann man mehr verlieren, als man an allen Tagen der Ehrbarkeit gewonnen hat. Jedoch soll man auch nicht sich immer ausschließen: denn durch Absonderung verurtheilt man die Übrigen. Noch weniger darf man Ziererei affektieren: diese überlasse man dem Geschlecht, welchem sie eigen ist: sogar die religiöse Ziererei ist lächerlich. Dem Mann steht nichts besser an, als daß er ein Mann scheine: das Weib kann das Männliche als eine Vollkommenheit affektieren: nicht so umgekehrt.

276

Seinen Geist, mit Hülfe der Natur und Kunst, zu erneuern verstehn. Man sagt, daß von sieben zu sieben Jahren die Gemüthsart sich ändert: nun so sei es ein Verbessern und Veredeln seines Geschmacks. Nach den ersten sieben Jahren tritt die Vernunft ein: so möge nachher mit jedem Stufenjahre eine neue Vollkommenheit hinzukommen. Man beobachte diesen natürlichen Wechsel, um ihm nachzuhelfen, und hoffe auch an Andern eine Verbesserung. Hieraus entspringt es, daß Viele mit dem Stande oder Amt ihr Betragen geändert haben. Bisweilen wird man es nicht eher gewahr, als bis es im höchsten Grade hervortritt. Mit zwanzig

Jahren ist der Mensch ein Pfau; mit dreißig, ein Löwe; mit vierzig, ein Kameel; mit funfzig, eine Schlange; mit sechszig, ein Hund; mit siebenzig, ein Affe; mit achtzig, – nichts.

277

Zu prunken verstehn. Es ist die Glanzbeleuchtung der Talente: für jedes derselben kommt eine günstige Zeit: die benutze man, denn nicht jeder Tag wird der des Triumphs seyn. Es giebt Prachtmenschen, in welchen schon das Geringe sehr, das Bedeutende zum Erstaunen glänzt. Gesellt sich zu ausgezeichneten Gaben die Fähigkeit damit zu prunken; so erlangen sie den Ruf eines Wunders. Es giebt prunkende Nationen, und die Spanische ist es im höchsten Grad. Erst das Licht ließ die Pracht der Schöpfung hervortreten. Das Prunken füllt Vieles aus, ersetzt Vieles und gibt Allem ein zweites Daseyn, zumal wenn es sich auf wirklichen Gehalt stützt. Der Himmel, welcher die Vollkommenheiten verleiht, versieht sie auch mit dem Hange zu prunken: denn jedes von beiden allein würde unpassend seyn. Es gehört Kunst zum Prunken. Sogar das Vortrefflichste hängt von Umständen ab und hat nicht immer seinen Tag. Das Prunken geräth schlecht, wenn es zur Unzeit kommt: mehr als jeder andre Vorzug muß es frei von Affektation seyn, an welchem Übelstande es allemal scheitert, weil es nahe an die Eitelkeit gränzt und diese an das Verächtliche: es muß sehr gemäßigt seyn, damit es nicht gemein werde, und sein Übermaaß steht bei den Klugen schlecht angeschrieben. Bisweilen besteht es mehr in einer stummen Beredsamkeit, indem man gleichsam nur aus Nachlässigkeit seine Vollkommenheiten zum Vorschein kommen läßt: denn das kluge Verhehlen derselben ist das wirksamste Paradieren damit, da man eben durch solches Entziehn die Neugier am lebhaftesten anreizt. Sehr geschickt auch ist es, nicht die ganze Vollkommenheit mit einem Male aufzudecken, sondern nur einzelne Proben davon verstohlnen Blicken preiszugeben und dann immer mehr. Jede glänzende Leistung muß das Unterpfand einer größern seyn und im Beifall der ersten schon die Erwartung der folgenden liegen.

278

Abzeichen jeder Art vermeiden: denn die Vorzüge selbst werden zu Fehlern, sobald sie zur Bezeichnung dienen. Die Abzeichen entstehn aus Sonderbarkeit, welche stets getadelt wird: man läßt den Sonderling allein. Sogar die Schönheit, wenn sie überschwänglich wird, schadet unserm Ansehn; denn indem sie die Augen auf sich zieht, beleidigt sie: wie viel mehr werden Sonderbarkeiten, die schon an sich in schlechtem Ruf stehn, nachtheilig wirken. Dennoch wollen Einige sogar durch Laster allgemein bekannt seyn und suchen in der Verworfenheit die Auszeichnung, um einer so ehrlosen Ehre theilhaft zu werden. Selbst in der Einsicht kann das Übermaaß in Geschwätz ausarten.

279

Dem Widersprecher nicht widersprechen. Man muß unterscheiden, ob der Widerspruch aus List, oder aus Gemeinheit entspringt. Es ist nicht immer Eigensinn, sondern bisweilen ein Kunstgriff. (Vergl. 213.) Dann sei man aufmerksam, sich im erstern Fall nicht in Verwickelungen, im andern nicht ins Verderben ziehn zu lassen. Keine Sorgfalt ist besser angewandt, als die gegen Spione. Gegen die Dietriche der Seelen ist die beste Gegenlist, den Schlüssel der Vorsicht inwendig stecken zu lassen.

280

Ein Biedermann seyn. Mit dem redlichen Verfahren ist es zu Ende: Verpflichtungen werden nicht anerkannt: ein gegenseitiges lobenswerthes Benehmen findet sich selten, vielmehr erhält der beste Dienst den schlimmsten Lohn: und so ist heut zu Tage der Brauch der ganzen Welt. Es giebt ganze Nationen, die zur Schlechtigkeit geneigt sind: bei der einen hat man stets den Verrath, bei der andern den Unbestand, bei der dritten den Betrug zu fürchten. Allein das schlechte Benehmen Andrer sei für uns kein Gegenstand der Nachahmung, sondern der Vorsicht. Die Gefahr dabei ist, daß der Anblick jener nichtswürdigen Verfahrensweise auch unsre Redlichkeit erschüttere. Aber der Biedermann vergißt nie, über das was die Andern sind, wer er ist.

281

Gunst bei den Einsichtigen finden. Das laue Ja eines außerordentlichen Mannes ist höher zu schätzen, als der ganze allgemeine Beifall. Denn aus den Weisen spricht die Einsicht und daher giebt ihr Lohn eine unversiegbare Zufriedenheit. Der verständige Antigonus beschränkte den ganzen Schauplatz seines Ruhmes auf den einzigen Zeno, und Plato nannte den Aristoteles seine ganze Schule. Allein Manche sind nur darauf bedacht, sich den Magen zu füllen und wäre es mit dem gemeinsten Kehricht. Sogar die Fürsten bedürfen der Schriftsteller, und fürchten die Feder derselben mehr, als häßliche Weiber den Pinsel.

282

Durch Abwesenheit seine Hochschätzung oder Verehrung befördern. Wie die Gegenwart den Ruhm vermindert, so vermehrt ihn die Abwesenheit. Wer abwesend für einen Löwen galt, war bei seiner Anwesenheit nur die lächerliche Ausgeburt des Berges. Die großen Talente verlieren durch die Berührung ihren Glanz: denn es ist leichter die Rinde der Außenseite, als den großen Gehalt des Geistes zu sehn. Die Einbildungskraft reicht weiter als das Gesicht, und die Täuschung, welche ihren Eingang gewöhnlich durch die Ohren findet, hat ihren Ausgang durch die Augen. Wer sich still im Mittelpunkt des Umkreises seines Rufes hält, wird sich in seinem Ansehn erhalten. Der Phönix selbst benutzt seine Zurückgezogenheit, um verehrt, und das durch sie erregte Verlangen, um geschätzt zu bleiben.

283

Die Gabe der Erfindung besitzen. Sie beweist das höchste Genie: allein welches Genie kann ohne einen Gran Wahnsinn bestehn? Ist das Erfinden Sache der Genialen; so ist die treffende Wahl Sache der Verständigen. Auch ist jenes eine besondre Gabe des Himmels und viel seltener: denn eine treffende Wahl ist Vielen gelungen, eine gute Erfindung Wenigen, und zwar nur den Ersten, dem Werth und der Zeit nach. Die Neuheit schmeichelt, und war sie glücklich, so giebt sie dem Guten einen doppelten Glanz. In Sachen des Urtheils ist die Neuheit gefährlich, wegen des Paradoxen; in Sachen des Genies aber löblich: jedoch wenn gelungen, verdient die Eine wie die Andre Beifall.

284

Man sei nicht zudringlich; so wird man nicht zurückgesetzt werden. Man setze selbst Werth auf sich, wenn die Andern es sollen. Eher sei man karg, als freigebig mit seiner Person. Ersehnt komme man an; da wird man wohl empfangen werden. Nie komme man ungerufen und gehe nur wenn man gesandt wird. Wer aus freien Stücken etwas unternimmt, wird, wenn es schlecht abläuft, den ganzen Unwillen auf sich laden; läuft es hingegen gut ab, weiß man es ihm doch nicht Dank. Der Zudringliche wird mit Geringschätzung und Wegwerfung aller Art überhäuft: eben deshalb, weil er sich mit Unverschämtheit eindrängte, wird er mit Beschämung fortgeschickt.

285

Nicht am fremden Unglück sterben. Man kenne den, welcher im Sumpfe steckt und merke sich, daß er uns rufen wird, um sich nachher am beiderseitigen Leiden zu trösten. Solche Leute suchen Jemanden, der ihnen helfe, das Unglück zu tragen, und wem sie im Glück den Rücken wandten, dem reichen sie jetzt die Hand. Großer Vorsicht bedarf es bei denen, die zu ertrinken im Begriff sind, um ihnen, ohne eigene Gefahr, Hülfe zu leisten.

286

Man sei Niemanden für Alles, auch nie Allen verbindlich gemacht. Denn sonst wird man zum Sklaven, oder gar zum Sklaven Aller. Einige werden unter glücklichern Umständen geboren, als Andre: jene um Gutes zu thun, diese um es zu empfangen. Die Freiheit ist viel köstlicher, als das Geschenk, wofür man sie hingiebt. Man soll weniger Werth darauf legen, Viele von sich, als darauf, sich selbst von Keinem abhängig zu sehn. Der einzige Vorzug des Herrschens ist, daß man mehr Gutes erweisen kann. Besonders halte man die Verbindlichkeit, die Einem aufgelegt wird, nicht für eine Gunst: denn meistentheils wird die fremde List es absichtlich so eingeleitet haben, daß man ihrer bedürfen mußte.

287

Nie handle man im leidenschaftlichen Zustande: sonst wird man Alles verderben. Der kann nicht für sich handeln, der nicht bei sich ist: stets aber verbannt die Leidenschaft die Vernunft. In solchen Fällen lasse man für sich einen vernünftigen Vermittler eintreten, und das wird Jeder seyn, der ohne Leidenschaft ist. Stets sehn die Zuschauer mehr als die Spieler, weil sie leidenschaftslos sind. Sobald man merkt, daß man außer Fassung geräth, blase die Klugheit zum Rückzuge: denn kaum wird das Blut sich vollends erhitzt haben, so wird man blutig zu Werke gehn und in wenig Augenblicken auf lange Zeit sich zur Beschämung und Andern zur Verläumdung Stoff gegeben haben.

288

Nach der Gelegenheit leben. Unser Handeln, unser Denken, Alles muß sich nach den Umständen richten. Man wolle wann man kann: denn Zeit und Gelegenheit warten auf Niemanden. Man lebe nicht nach ein für alle Mal gefaßten Vorsätzen, es sei denn zu Gunsten der Tugend; noch schreibe man dem Willen bestimmte Gesetze vor: denn morgen wird man das Wasser trinken müssen, welches man heute verschmäht. Es giebt so verschrobene Queerköpfe, daß sie verlangen, alle Umstände bei einem Unternehmen sollen sich nach ihren verrückten Grillen fügen und nicht anders. Der Weise hingegen weiß, daß der Leitstern der Klugheit darin besteht, daß man sich nach der Gelegenheit richte.

289

Nichts setzt den Menschen mehr herab, als wenn er sehn läßt, daß er ein Mensch sei. An dem Tage hören sie auf ihn für göttlich zu halten, an welchem sie ihn recht menschlich erblicken. Der Leichtsinn ist das größte Hinderniß unsers Ansehns. Wie der zurückhaltende Mann für mehr als Mensch gehalten wird, so der leichtsinnige für weniger als Mensch. Es giebt keinen Fehler, der mehr herabwürdigte, weil der Leichtsinn das grade Gegentheil des überlegten, gewichtigen Ernstes ist. Ein leichtsinniger Mensch kann nicht von Gehalt seyn, zumal wenn er alt ist, wo die Jahre ihn zur Überlegung verpflichten. Und obgleich dieser Makel an so Vielen haftet; so ist er nichts desto weniger ganz besonders herabwürdigend.

290

Es ist viel Glück, zur Hochachtung auch die Liebe zu besitzen. Gemeiniglich darf man, um sich die Achtung zu erhalten, nicht sehr geliebt seyn. Die Liebe ist verwegner als der Haß. Zuneigung und Verehrung lassen sich nicht wohl vereinen. Zwar soll man nicht sehr gefürchtet seyn, aber auch nicht sehr geliebt. Die Liebe führt die Vertraulichkeit ein, und mit jedem Schritt, den diese vorwärts macht, macht die Hochachtung einen zurück. Man sei eher im Besitz einer verehrenden als einer hingebenden Liebe: so ist sie ganzen Leuten angemessen.

291

Zu prüfen verstehn. Die Aufmerksamkeit des Klugen wetteifre mit der Zurückhaltung des Vorsichtigen. Viel Kopf ist erfordert, um den fremden auszumessen. Es ist wichtiger, die Gemüthsarten und Eigenschaften der Personen, als die der Kräuter und Steine zu kennen. Jenes ist eine der scharfsinnigsten Beschäftigungen im Leben. Am Klange kennt man die Metalle, und an der Rede die Menschen. Die Worte geben Anzeichen der Rechtlichkeit, aber viel mehr die Thaten. Hier nun bedarf es der außerordentlichsten Vorsicht, der tiefen Beobachtung, der feinen Auffassung und des richtigen Urtheils.

292

Die persönlichen Eigenschaften müssen die Obliegenheiten des Amtes übersteigen: und nicht umgekehrt. So hoch auch der Posten seyn mag, stets muß die Person sich als ihm überlegen zeigen. Ein umfassender Geist breitet sich immer mehr aus und tritt mehr und mehr hervor in seinem Amte. Hingegen wird der Engherzige bald seine Blöße zeigen und am Ende an Verpflichtungen und Ansehn bankrott werden. Der große Augustus setzte seine Ehre darin, als Mensch größer, denn als Fürst zu seyn. Hier kommt nun ein hoher Sinn zu Statten und auch ein wohl überlegtes Selbstvertrauen trägt viel bei.

293

Von der Reife. Sie leuchtet aus dem Äußern hervor, noch mehr aus der Sitte. Die materielle Gewichtigkeit macht das Gold, die moralische den Mann werthvoll. Die Reife verbreitet über alle seine Fähigkeiten einen gewissen Anstand und erregt Hochachtung. Die Gesetztheit des Menschen ist die Fassade seiner Seele: sie besteht nicht in der Unbeweglichkeit des Dummen, wie es der Leichtsinn haben möchte, sondern in einer sehr ruhigen Autorität. Ihre Reden sind Sentenzen, ihr Wirken gelingende Thaten. Sie erfordert einen sehr vollendeten Mann: denn Jeder ist so weit ein ganzer Mann, als er Reife hat. Indem er aufhörte ein Kind zu seyn, fieng er an Ernst und Autorität zu erhalten.

294

Sich in seinen Meinungen mäßigen. Jeder faßt seine Ansichten nach seinem Interesse und glaubt einen Überfluß an Gründen für dieselben zu haben. Denn in den Meisten muß das Urtheil der Neigung den Platz einräumen. Nun trifft es sich leicht, daß Zwei mit einander gradezu widersprechenden Meinungen sich begegnen, und Jeder glaubt die Vernunft auf seiner Seite zu haben, wiewohl diese, stets unverfälscht, nie ein doppeltes Antlitz trug. Bei einem so schwierigen Punkt gehe der Kluge mit Überlegung zu Werke: dann wird das Mißtrauen gegen sich selbst sein Urtheil über das Benehmen des Gegners berichtigen. Er stelle sich auch einmal auf die andre Seite und untersuche von da die Gründe des Andern: dann wird er nicht mit so starker Verblendung jenen verurtheilen und sich rechtfertigen.

295

Nicht wirksam scheinen, sondern seyn. Viele geben sich den Schein, wichtige Geschäfte zu treiben, ohne den mindesten Grund: aus Allem machen sie ein Mysterium, auf die albernste Weise. Sie sind Chamäleone des Beifalls und für Alle ein unerschöpflicher Stoff zum Lachen. Die Eitelkeit ist überall widerlich, hier aber auch lächerlich. Diese Ameisen der Ehre betteln sich Großthaten zusammen. Man soll hingegen seine größten Vorzüge am wenigsten affektieren: man begnüge sich mit dem Thun und überlasse Andern das Reden darüber. Man gebe seine Thaten hin, aber verkaufe sie nicht. Auch miethe man sich nicht goldene Federn, die Unflath schreiben, zum Ekel der Klugen. Man strebe lieber danach ein Held zu seyn, als es zu scheinen.

296

Ein Mann von erhabenen Eigenschaften: die vom ersten Range machen Männer ersten Ranges: und eine einzige derselben gilt mehr als eine große Anzahl mittelmäßiger. Es gab einen Mann, dem es gefiel, alle seine Sachen, sogar den gewöhnlichen Hausrat, besonders groß zu haben: wie viel mehr muß der große Mann dafür sorgen, daß alle

Eigenschaften seines Geistes groß seien. In Gott ist Alles unendlich und unermeßlich; so auch muß in einem Helden alles groß und majestätisch seyn, dergestalt daß alle seine Thaten, ja auch seine Reden, mit einer überschwenglichen, großartigen Erhabenheit bekleidet auftreten.

297

Stets handeln, als würde man gesehn. Der ist ein umsichtiger Mann, welcher sieht, daß man ihn sieht, oder doch sehn wird. Er weiß, daß die Wände hören, und daß schlechte Handlungen zu bersten drohen, um herauszukommen. Auch wann allein, handelt er wie unter den Augen der ganzen Welt. Denn da er weiß, daß man einst Alles wissen wird; so betrachtet er als schon gegenwärtige Zeugen die, welche es durch die Kunde späterhin werden müssen. Jener, welcher wünschte, daß die ganze Welt ihn stets sehn möchte, war nicht darüber besorgt, daß man ihn in seinem Hause aus den nächsten beobachten konnte.

298

Drei Dinge machen einen Wundermann und sind die höchste Gabe der göttlichen Freigebigkeit: ein fruchtbares Genie, ein tiefer Verstand und ein zugleich erhabener und angenehmer Geschmack. Richtig zu fassen, ist ein großer Vorzug, aber ein noch größerer, richtig zu denken und die Einsicht des Guten zu haben. Der Verstand muß nicht im Rückgrat sitzen: da wäre er mehr mühselig als scharf. Richtig zu denken, ist die Frucht der vernünftigen Natur. Mit zwanzig Jahren herrscht der Wille vor, mit dreißig das Genie, mit vierzig das Urtheil. Es giebt Köpfe, die gleichsam Licht ausströhmen, wie die Augen des Luchses, indem sie, wo die größte Dunkelheit ist, am richtigsten erkennen. Andre sind für die Gelegenheit gemacht, da sie stets auf das fallen, was am meisten zum gegenwärtigen Zweck dient: es bietet sich ihnen Vieles und Gutes dar: eine glückliche Fruchtbarkeit! Inzwischen würzt ein guter Geschmack das ganze Leben.

299

Hunger zurücklassen: selbst den Nektarbecher muß man den Lippen entreißen. Das Begehren ist das Maaß der Werthschätzung. Sogar bei dem leiblichen Durst ist es eine Feinheit, ihn zu beschwichtigen, aber nicht ganz zu löschen. Das Gute, wenn wenig, ist doppelt gut. Das zweite Mal führt ein beträchtliches Sinken herbei. Sättigung mit dem was gefällt ist gefährlich und kann der unsterblichsten Vortrefflichkeit Geringschätzung zuziehn. Die Hauptregel um zu gefallen ist, daß man den Appetit noch durch den Hunger, mit welchem man ihn verließ, gereizt vorfinde. Muß man Unzufriedenheit erregen, so sei es lieber durch die Ungeduld des Begehrens, als durch den Überdruß des Genusses. Das mühsam erlangte Glück wird doppelt genossen.

300

Mit Einem Wort, ein Heiliger seyn, und damit ist Alles auf ein Mal gesagt. Die Tugend ist das gemeinsame Band aller Vollkommenheiten, und der Mittelpunkt aller Glückseligkeit. Sie macht einen Mann vernünftig, umsichtig, klug, verständig, weise, tapfer, überlegt, redlich, glücklich, beifällig, wahrhaft und zu einem Helden in jedem Betracht. Drei Dinge, welche im Spanischen mit einem S anfangen, machen glücklich: Heiligkeit, Gesundheit und Weisheit. Die Tugend ist die Sonne des Mikrokosmos oder der kleinen Welt und ihre Hemisphäre ist das gute Gewissen. Sie ist so schön, daß sie Gunst findet vor Gott und Menschen. Nichts ist liebenswürdig, als nur die Tugend, und nichts verabscheuungswerth, als nur das Laster. Die Tugend allein ist Sache des Ernstes, alles Andre ist Scherz. Die Fähigkeit und die Größe soll man nach der Tugend messen und nicht nach Umständen des Glücks. Sie allein ist sich selbst genug: sie macht den Menschen im Leben liebenswürdig und im Tode denkwürdig.

Nachwort

I

Persönlichkeit und Werk Baltasar Graciáns sind widersprüchlich wie die Kulturtendenzen, die Ideale, die Sensibilität und die moralischen Wertbegriffe der spanischen Gesellschaft seines Jahrhunderts. Die Persönlichkeit dieses Schriftstellers und Philosophen bringt die Polarität einer historischen Epoche Spaniens zum Ausdruck. Obwohl christlicher Denker, beruft er sich eher auf die geistigen Fähigkeiten des Menschen, als auf die christliche Wahrheit und die Hilfe Gottes. Zwar bis zu seinem Tod ein tätiges Mitglied der Gesellschaft Jesu, beschäftigt sich nur ein einziges seiner Bücher, nämlich ›El Comulgatorio‹ (1655), ausdrücklich mit religiösen Fragen und Problemen der christlichen Lehre. Er behauptet, die christliche Tugend stelle das höchste Gut der menschlichen Existenz dar, vernachlässigt aber in keinem Moment die unmittelbaren Probleme der irdischen

Existenz. In gewissem Sinne also ein rebellischer Jesuit. Im Mittelpunkt seiner Reflexionen befindet sich nicht Gott, sondern der Mensch. Der Akzent seines Werkes liegt auf der individuellen Persönlichkeit und ihren Beziehungen zur politischen und gesellschaftlichen Welt. Seine weltliche Haltung brachte ihn in Widerspruch zu der von seinem Orden geforderten Disziplin, ohne daß der Philosoph jedoch irgendwann mit seinen geistlichen Vorgesetzten gebrochen hätte, die ihm auch niemals ihr Vertrauen und ihre Achtung entzogen haben. So kam es zu einem Kompromiß: ›Man wende die menschlichen Mittel an, als ob es keine göttliche, und die göttlichen, als ob es keine menschliche gäbe. Große Meisterregel, die keines Kommentars bedarf‹ (Aphor. 251).

Graciáns Denken und Werk sind widersprüchlich, aber eben aus diesem Grund ermöglichen sie dem aufmerksamen Leser eine vielseitige Anschauung von Mensch und Welt. Hinter dem Ideal der außergewöhnlichen Persönlichkeit, wie es komprimiert im Hand-Orakel dargestellt wird, wird für uns ein allgemeiner Zustand der Gesellschaft, das moralisch-politische Klima seiner Zeit sichtbar: ›Mit dem redlichen Verfahren ist es zu Ende: Verpflichtungen werden nicht anerkannt: ein gegenseitiges lobenswerthes Benehmen findet sich selten, vielmehr erhält der beste Dienst den schlimmsten Lohn: und so ist heut zu Tage der Brauch der ganzen Welt. Es giebt ganze Nationen, die zur Schlechtigkeit geneigt sind: bei der einen hat man stets den Verrath, bei der anderen den Unbestand, bei der dritten den Betrug zu fürchten‹ (Aphor. 280).

Diese düstere und illusionslose Einschätzung der moralischen Verfassung seiner Zeit erklärt sich zum großen Teil aus der kritischen Situation, in der sich die spanische Gesellschaft in der ersten Hälfte des 17. Jahrhunderts befand, einer Zeit wachsender sozialer Ungleichheit und Ungerechtigkeit, einer Zeit allgemeiner politischer Korruption unter der Herrschaft Philipps IV. Mit der Zerstörung der Armada im Jahre 1588 begann der militärische Abstieg Spaniens, der die spanische Vorherrschaft in Frage stellte, während sich das Land gleichzeitig mit der aggressiven Politik Frankreichs, den in den Niederlanden stattfindenden Revolten sowie dem beginnenden Aufstieg Englands zur Weltmacht konfrontiert sah. Es ist gleichzeitig die Periode der Kämpfe und Konflikte um die religiöse Einheit Europas: die Zeit der Gegenreformation, die ihre Wurzeln in Spanien hat. ›Wir leben in einem schlechten Jahrhundert‹, scheint die Überzeugung der Epoche zu sein. Inmitten dieser Krise der Werte, und trotz der politischen und militärischen Dekadenz Spaniens als Weltmacht, kommt es jedoch zu einem großartigen Aufschwung der spanischen Kultur: dem Siglo de Oro, dem Goldenen Jahrhundert in Literatur und Kunst.

Im 17. Jahrhundert ergibt sich für Spanien eine sehr spezifische historische Situation, die die Koexistenz antagonistischer Strömungen und

Traditionen ermöglicht. Der Humanismus der Renaissance koexistiert mit mittelalterlicher Tradition. Der kritische Geist der Renaissance unterwirft die geistigen Werte des Mittelalters einer Kritik: im Gegensatz zur mittelalterlichen Tradition entwickelt sich das geistige Interesse für die Wissenschaft. Zahlreiche Universitäten werden im 16. Jahrhundert gegründet, einige mit deutlich scholastischem Charakter, andere von humanistischen Idealen geleitet. Im Jahre 1619 gab es in Spanien insgesamt zweiunddreißig Universitäten. Bedeutende Kunstakademien und sprachwissenschaftliche Forschungsstätten entstanden unter der Herrschaft Philipps IV. Früher als in anderen europäischen Ländern wurde in Spanien bereits im 16. Jahrhundert der unentgeltliche Grundschulbesuch eingeführt.

Auf der moralischen Ebene erwacht das Gefühl der menschlichen Würde und der sozialen Bedeutung des Individuums, man betont dessen Rechte gegenüber der Allmacht des Feudalherren und den Autoritäten der katholischen Kirche. Ein neuer Geist beginnt sich in den unterschiedlichsten Bereichen der Kultur zu regen, ein Geist, der sich in einer neuen Auffassung der Welt und des Menschen ausdrückt. Man beginnt Politik und Geschichtsschreibung als Wissenschaftszweige zu betrachten.

Die Stadt und nicht mehr die Burg bildet das politische und kulturelle Zentrum der bedeutsamsten Aktivitäten. Mit dem Ausbau Madrids zur spanischen Hauptstadt durch Philipp II. im

Jahre 1560 verlieren die alten Städte wie Sevilla und Toledo an Bedeutung. Madrid wird von diesem Moment an das eigentliche kulturelle Zentrum und der königliche Hof der Ort, an dem die bedeutsamsten Politiker, Künstler, Schriftsteller und Philosophen Spaniens zusammentreffen. Dieser spanische Hof wird es sein, wo Baltasar Gracián seine politischen Beobachtungen und moralischen Erfahrungen macht, die später ihren Ausdruck im Hand-Orakel finden werden.

Baltasar Gracián wird am 8. Januar 1601 in Belmonte, in der Nähe von Calatayud in der Provinz Zaragoza geboren. Seine Jugend verlebt er in Toledo in der streng religiösen Atmosphäre der Familie. Seine drei Geschwister werden Mitglieder verschiedener Mönchsorden. Er selbst tritt mit achtzehn Jahren als Novize in die Gesellschaft Jesu ein, in Tarragona, wo er bis 1621 bleibt. Später widmet er sich im Jesuitenkolleg von Calatayud und dem von Zaragoza Studien der griechischen und römischen Klassik und der Theologie. 1627 lehrt er lateinische Grammatik. Sehr früh schon scheint er über breite Kenntnisse und eine feste Disziplin zu verfügen, denn seine Vorgesetzten vertrauen ihm verantwortliche Ämter innerhalb des Ordens an. 1630 wird er zum Lehrer für Theologie ernannt, nachdem er im Stift von Valencia seine Ausbildung fortgesetzt hatte. 1633 übernimmt er den Lehrstuhl für Philosophie, die Disziplin, die ihn am meisten zu interessieren scheint.

Von Gracián ist kein so bedeutendes Porträt erhalten geblieben, wie sie von Góngora und Quevedo auf uns gekommen sind. Ein recht deutliches Bild seiner äußeren Erscheinung liefern uns jedoch die Zeugnisse seiner Zeitgenossen, die ihn als einen Mann von strenger Natur, von leicht aufbrausender und lebhafter Gemütsart, schwächlicher Gesundheit, mit einer durch langes Studium verursachten gebeugten Haltung beschreiben. Er liebt die Einsamkeit, aber er übersieht die konkreten Probleme nicht, die ihm die Gesellschaft stellt, in der er lebt. Wie Quevedo gehört Gracián zur geistigen Elite der spanischen Letrados, einer Gruppe von humanistischen Gelehrten, die nach universeller Bildung und gesellschaftlicher Wirksamkeit strebten. Sie entstammten in der Regel dem niederen Adel. Diese geistige Schicht hat in der politischen Geschichte Spaniens eine bedeutende Rolle gespielt. Viele Letrados gehören dem Klerus an und sind dadurch zu wichtigen Ämtern im offiziellen Leben gelangt. Ihre Haltung war stolz und aristokratisch; die geistige Bildung stellte für sie die höchste Form des Adels dar.

Durch seine Ausbildung in der Gesellschaft Jesu verfügte Gracián über eine solide Kenntnis der klassischen Texte und Sprachen. Seine Gelehrsamkeit war tief und reich. Über Jahre hinweg hat er sich ausschließlich mit der Lektüre der griechischen und römischen Klassiker und der Autoren der Renaissance beschäftigt. Unter ersteren bevorzugte er Tacitus, von dessen politischen Anschauungen er viele Elemente in seine Morallehre aufnahm, unter letzteren hatte er sich besonders mit Machiavelli auseinandergesetzt.

Graciáns Veranlagung ist die eines Philosophen. In seinem Werk versucht er einen neuen Typus des Philosophen zu entwerfen, den des ›filósofo cortesano‹: ›Er sei ein Mann auch für's tägliche Thun und Treiben, welches zwar nicht das Höchste, aber das Nothwendigste im Leben ist‹ (Aphor. 232). Dieser neue Gelehrte beschäftigt sich, wie Gracián schreibt, mit den Fragen, die auf der Tagesordnung stehen. Gracián selber verläßt seine Bibliothek, um als Lehrer für Rhetorik, Philologie, Literatur und Philosophie zu wirken. Seine Anschauung als Moralist gewinnt er zum großen Teil aus seiner Erfahrung als Beichtvater und Berater berühmter Persönlichkeiten des spanischen öffentlichen Lebens. Sein Denken hat in der Philosophie des Altertums eine seiner Quellen, bezieht sich aber stets auch auf das geistige schöpferische Werk seines Jahrhunderts, auf Schriftsteller und Künstler des Siglo de Oro, von denen ihm einige in persönlicher Freundschaft verbunden waren.

1636 wird er an das Kolleg von Huesca berufen. In dieser Stadt kommt es zu der wohl bedeutsamsten Begegnung seines Lebens: dem Beginn der Freundschaft mit dem großen Humanisten Don Vicencio Juan de Lastanosa, der später sein Mäzen und der Herausgeber seines Werkes werden sollte. Lastanosa verkörpert in sich das Vorbild des Renaissance-Menschen, der die klassischen und modernen Sprachen beherrscht, der die Dichtkunst, die Naturwissenschaften und das Studium der Geschichte betreibt. Lastanosa besitzt einen prächtigen Palast, der eine reiche Bibliothek, eine umfangreiche Gemälde- und Medaillensammlung, ein naturwissenschaftliches Museum sowie ein Physik- und Chemie-Kabinett beherbergt. Sein Palast ist das geistige Zentrum der Stadt, Treffpunkt hervorragender Vertreter des politischen Lebens, von Künstlern und Schriftstellern. Selbst König Philipp IV. besucht den Gelehrten, wenn er nach Huesca kommt. So erschließen sich für Gracián in der Begegnung mit Lastanosa neue Dimensionen der humanistischen Kultur und Bildung, die entscheidenden Einfluß auf seine geistige Entwicklung nehmen werden, aus unmittelbarer Lebenserfahrung. Er bezieht sich auf diese Begegnung, wenn er später sagt: ›Der Aufmerksame besucht häufig die Häuser jener großartigen Hofleute, welche mehr Schauplätze der Größe, als Paläste der Eitelkeit sind. Es giebt Herren, welche im Ruf der Weltklugheit stehn: nicht nur sind diese selbst, durch ihr Beispiel und ihren Umgang Orakel aller Größe, sondern auch die sie umgebende Schaar bildet eine höfische Akademie guter und edler Klugheit jeder Art‹ (Aphor. 11). Die Bekanntschaft mit Lastanosa prägt seinen hohen Sinn für Freundschaft als einer Art philosophischen Dialogs: ›Der freundschaftliche Umgang sei eine Schule der Kenntnisse, und die Unterhaltung bildende Belehrung: aus seinen Freunden mache man Lehrer und lasse den Nutzen des Lernens und das Vergnügen der Unterhaltung sich wechselseitig durchdringen‹ (Aphor. 11). Man kann die Bedeutung, die Lastanosa für die Entstehung und Entwicklung von Graciáns Denken und Werk hatte, nicht genug würdigen, da jener der unmittelbare Beschützer und Herausgeber seiner Schriften war. Als eine Ehrung für seinen Freund wird Gracián viele Jahre später in seinem philosophischen Roman ›El Criticón‹ Lastanosa in der Gestalt des vollkommenen Weltmannes und Beschützers der Kultur auftreten lassen.

Werke großer Meister auf dem Gebiet der Kunst, Literatur, der politisch-religiösen Abhandlungen und der Philosophie lassen die Zeit, in der Gracián seine Jugend verbringt, zu einer der glänzendsten Epochen der spanischen Kultur werden. Er ist Zeitgenosse hervorragender Meister der spanischen Malerei: Ribera (1588–1656) aus der Schule von Valencia, Velásquez (1599–1660) aus der Kastilischen Schule und Murillo (1618–1682) aus der Schule von Sevilla, deren Werke jenseits ihrer formalen Eigenheiten und Unterschiede einen neuen Geist schöpferischer Freiheit verkünden. Ohne aufzuhören, sich mit traditionellen und christlichen Themen zu befassen, bezieht diese Kunst ihre Inspiration aus einer ästhetischen Auffassung, die die irdische Schönheit betont und sich gleichzeitig der aktuellen politischen und geistigen Situation Spaniens zuwendet.

Das Kastilische ist zu diesem Zeitpunkt zur

herrschenden Sprache der Halbinsel geworden und wird selbst in entfernten Ländern außerhalb Spaniens gesprochen. Die spanische Sprache wird somit zum Ausdrucksmittel der gebildeten Literatur, der religiösen und weltlichen Dichtkunst, der Geschichtsschreibung und des philosophischen Traktats. Schon am Ende des 16. Jahrhunderts machen sich in der spanischen Literatur die grundlegenden Merkmale des Siglo de Oro bemerkbar: ihr Realismus, ihr deutlicher Nationalcharakter, ihre künstlerische Freiheit oder Selbständigkeit gegenüber der klassischen Kunst und ihr volkstümlicher und christlicher Charakter.

Für die Sprache und den Stil des literarischen Werkes von Baltasar Gracián erweisen sich besonders zwei Autoren als bedeutsam, die zwei schöpferische Strömungen der spanischen Literatur und Stilbetrachtung vertreten: Don Luis de Góngora (1561–1627) und Francisco de Quevedo (1580–1645). Als Vertreter des Culteranismo strebt ersterer nach einer Erneuerung der Dichtkunst auf der Grundlage einer dichterischen Sprache, die sich radikal von der zu seiner Zeit häufig akademistisch verunstalteten Prosa unterscheidet, durch die virtuose Handhabung klassischen Bildungsgutes, die sich in einer komplizierten Metaphorik und einem gekünstelt anmutenden Ausdrucksreichtum ausdrückt. Im Gegensatz zum barock überladenen Wortreichtum des Gongorismo entwickelt Quevedo die Richtung des Conceptismo, die schöpferische Strömung einer Dichtkunst klassischer Reinheit und Eleganz, und einer Prosa, die sich durch extreme Knappheit und Scharfsinnigkeit des literarischen Satzes auszeichnet, durch den Gebrauch verbalen Reichtums im Dienste des Begriffs wie durch die Einheit von ungewöhnlichem Bild und genau bestimmter Idee.

Baltasar Gracián befindet sich im Grenzbereich beider Bewegungen, indem er von Góngora Reichtum und Eleganz der Sprache und von Quevedo die Auffassung, der Gedanke, der geistige Gehalt müsse zum Mittelpunkt des Stils werden, in sein Werk aufnimmt und weiterentwickelt. Eben diese Tendenz, schöpferische Beiträge literarischer oder philosophischer Richtungen in das eigene Werk aufzunehmen, die wechselseitige, dialektische Ergänzung entgegengesetzter Strömungen, macht das Eigenartige der kritischen Aufnahme der Tradition bei Gracián aus.

Im Bereich des moralisch-politischen Traktats zeigt sich in dieser Zeit die Tendenz, Rationalismus und realistische Betrachtungsweise bei der Erörterung menschlicher Probleme mit der für Spanien so charakteristischen christlichen und mystischen Tradition zu einer Einheit zu verschmelzen. Neben Quevedo tritt hierin besonders Diego Saavedra Fajardo (1584–1648), Diplomat des Königs Philipp IV., mit dem berühmt gewordenen politischen Traktat ›Idea de un príncipe político cristiano‹ (Idee eines christlichen Staatsoberhauptes; 1640) hervor. Seine Grundhaltung, wie die dieser Epoche, ist resignierend: die Welt als gesellschaftliches Ganzes ist unverbesserlich, und man muß sich damit abfinden; Entwicklung ist nur im individuellen Bereich möglich.

Neben der humanistischen Strömung bildet die von der Gesellschaft Jesu vermittelte mystische Philosophie Spaniens eine weitere theoretische und ideologische Quelle für das philosophische und moralische Denken Graciáns. Diese Philosophie, deren zwei wichtigste Vertreter die Jesuiten Luis Molina (1536–1600) und Francisco Suarez (1548–1617) sind, versucht Glauben und wissenschaftliche Erkenntnis miteinander zu versöhnen und durch einen religiösen Realismus das Wissen in enger Verbindung mit dem praktischen Leben zu entwickeln.

Gracián gehört zu jenen Schriftstellern, die erst, nachdem sie eine feste Grundlage für ihr Denken geschaffen haben, erst nach einer strengen Auseinandersetzung mit der klassischen Tradition, nach der Ausarbeitung ihrer geistigen und politischen Erfahrungen, damit beginnen, ihr Werk zu schreiben. In seinem sechsunddreißigsten Lebensjahr erscheint sein erstes Werk, ›El Héroe‹, das in Huesca gedruckt und dem ›König, unserem Herrn, im Jahre 1637‹ gewidmet ist. Es erscheint unter dem Namen Lorenzo Gracián Infanzón. Die ihm vom König für dieses Buch zuteil gewordene Anerkennung öffnet ihm die Tore zum gebildeten Madrid, wo er Freundschaft mit dem Privatsekretär des Königs Hurtado de Mendoza schließen wird. In dieser Schrift wird zum ersten Mal die zentrale Thematik des moralischen Werkes Graciáns formuliert: die Ausbildung und Entwicklung der außergewöhnlichen Persönlichkeit und Individualität, die später im Hand-Orakel ihren endgültigen Ausdruck findet.

Im Jahre 1640 wird er zum Beichtvater des Herzogs von Nocera, Vizekönig von Navarra, einem italienischen Politiker im Dienste von Spanien, ernannt, den er auf einer kurzen Reise nach Madrid begleitet. Es kommt zum ersten Kontakt mit dem Hof, der auf Gracián den starken und positiven Eindruck eines Sitzes des regen Lebens und der Kultur macht. Diesem Herzog von Nocera widmet er dann sein zweites Werk, ›El Político, Don Fernando el Católico‹, das 1640 in Zaragoza erscheint.

Zwischen 1641 und 1642 verbringt Gracián einige Monate in Madrid, aber diesmal ist er enttäuscht vom Hof. Aus unmittelbarer Nähe erlebt er die Unaufrichtigkeit und Torheit der Höflinge, ihre Eitelkeit und die Unhaltbarkeit ihrer Ziele und Ideale.

Eine systematisierende Beschreibung der literarischen Stilmittel ist sein drittes Werk, ›Arte de Ingenio, Tratado de la Agudeza‹ (Kunst der Erfindung, Abhandlung über den Scharfsinn), erschienen 1642 in Madrid, neu herausgegeben im Jahre 1648 in erweiterter Fassung unter dem Titel ›Agudeza y Arte de Ingenio‹. Ausgehend vom Studium der spanischen Literatur des 16. und 17. Jahrhunderts, begründet er hier seine eigene Stilbetrachtung.

1646 erscheint dann sein Buch ›El Discreto‹, in welchem er das Thema der Persönlichkeitsbildung, hier des vollkommenen Weltmannes, wieder aufnimmt.

Eine für sein Leben bedeutsame Erfahrung macht er, als er im gleichen Jahr als Feldkaplan an der Schlacht von Lérida teilnimmt, in der die von französischen Truppen unterstützten katalanischen Separatisten siegreich geschlagen werden. Unter Einsatz des eigenen Lebens gibt er den Soldaten moralische Unterstützung, versorgt die Kranken und steht den Sterbenden bei. Sein persönlicher Mut und die Hilfe, die er den spanischen Truppen erwies, brachten ihm die Anerkennung der Soldaten ein, die ihm den Namen ›Pater des Sieges‹ gaben.

Ebenfalls im Jahre 1646 veranlaßt Lastanosa seinen Freund, das Wesentliche seines Denkens in einer Anthologie zusammenzufassen. Ausgehend vom bereits publizierten Werk sowie anderer unveröffentlichter Schriften Graciáns, die sich wohl in Lastanosas Besitz befunden haben, entsteht so das berühmt gewordene Hand-Orakel.

Graciáns reife Jahre sind Jahre einer intensiven schriftstellerischen Tätigkeit. Nach der Vollendung seines aphoristischen Werkes suchte sein Denken nach einer literarischen Form, die geeignet war, die Gesamtheit seiner Lebenserfahrungen und Einsichten auszudrücken. Er greift auf das Genre des satirisch-allegorischen Romans zurück und gibt dem Werk den Titel ›El Criticón‹, der wahrschein-

lich von Petronius' ›Satyricon‹ inspiriert worden ist.
Mit diesem Werk versucht Gracián ein umfassendes Gemälde des menschlichen Lebens zu schaffen. Der philosophische Roman ist in vier Abschnitte unterteilt, die Gracián den vier Lebensabschnitten des Menschen gleichsetzt. Vergleichbar den Jahreszeiten, erscheint das Menschenleben als Frühling oder Kindheit, als Jugend-Sommer, als Herbst oder Mannesalter und als Winter oder Alter. Der Roman stellt uns zwei Hauptgestalten vor: Crítilo als Vertreter der Vernunft und Andrenio als Vertreter der Anschauung und des Gefühls. Durch eine Fülle von Szenen und Begegnungen mit allegorischen Personen wohnen wir der Wanderung der beiden Charaktere bei, die auf ihrem Weg gleichzeitig ihr Leben durchlaufen. Dadurch wird dieses Werk zu einer Überprüfung der menschlichen Existenz, ihrer Ziele, Mittel und Ideale. Trotz des unterschiedlichen literarischen Genres fügt sich der Roman des Moralisten in seine Gesamtkonzeption, wie sie bereits in seinem aphoristischen Werk vorhanden ist, ein und schließt sie gleichsam ab. Es kommt hierbei zu keiner Bereicherung seiner Einsichten, seine Auffassung vom Leben aber ist düsterer und pessimistischer geworden. Der erste Teil erschien 1651 unter dem Pseudonym García de Merlones. Den zweiten Teil von ›El Criticón‹ (1653) unterzeichnet er mit Lorenzo Gracián.

Im Jahre 1655 erschien mit Zustimmung seines Ordens ›El Comulgatorio‹, das einzige Werk Graciáns mit ausgesprochen religiösem Charakter, das eine Zusammenfassung seiner Tätigkeit als Geistlicher und Prediger darstellt.

Im dritten Teil von ›El Criticón‹ (Madrid 1657) ist der Ton noch ernster geworden, das menschliche Leben erweist sich als Eitelkeit, der Weise kann nur in der Tugend sein Glück finden, weit entfernt vom Schauspiel der Welt. Es läßt an die Malerei von Hieronymus Bosch denken – einen Maler, den Gracián sehr schätzte –, wenn die Wanderer seines Romans auf ihrem Weg nur Dummheit, Laster und Betrug, mit einem Wort: ›die Torheit der Welt‹ vorfinden.

Die Gesellschaft Jesu zeigte niemals Verständnis für die schriftstellerische Arbeit Graciáns, der tiefe moralische Sinn seiner Schriften, in denen sie lediglich intellektuelle Eitelkeit, Individualismus und das Aufbegehren eines ihrer Mitglieder erblickte, blieb ihr verborgen. Es kam zwar nicht zum Bruch mit ihm, aber man unterzog ihn strenger Kritik, versuchte sogar, ihn am Schreiben zu hindern, und entzog ihm zeitweilig Tinte und Papier. Diese Auseinandersetzung zwischen Gracián und seinen Vorgesetzten läßt sich zum Teil aber auch aus der Tatsache erklären, daß sich der Orden gerade zu dieser Zeit genötigt sah, gegen Angriffe Maßnahmen zu ergreifen, die außerhalb Spaniens gegen ihn vorgetragen wurden. Eine Verschärfung der Disziplin innerhalb des Ordens und der Zensur von seiten der Heiligen Inquisition waren die Folge. Hierin muß wohl der Grund dafür zu suchen sein, daß Gracián seine meisten weltlichen Werke unter Pseudonymen herausgegeben hat.

Seine letzten beiden Haupthelden, Crítilo und Andrenio, stützen sich auf ihrem Weg durchs Leben allein auf die natürliche Vernunft, ohne sich dabei auf göttliche Hilfe zu verlassen. Gracián bleibt dem Ausgangspunkt seines Denkens treu: der Notwendigkeit, die menschlichen Mittel von den göttlichen getrennt zu betrachten. Stets war es seine große Meisterregel, die Grenze zwischen Realität und Transzendenz nicht zu überschreiten.

Baltasar Gracián starb am 6. Dezember 1658.

II

Aus dem Gesamtwerk Graciáns ist das ›Hand-Orakel‹ das Werk, das die größte Verbreitung außerhalb Spaniens gefunden hat. Schon kurze Zeit nach seinem Tode erschien es in italienischer Übersetzung. Aber erst die französische Übersetzung von Amelot de la Houssaie unter dem Titel ›L' Homme de Cour‹ aus dem Jahre 1684 überwand die Grenze des sprachlichen Verständnisses und öffnete den Weg zu einer sachlichen Auseinandersetzung. Das Denken des Moralisten Gracián fand Eingang in die philosophische Tradition des Kontinents. Es wurde von Männern wie Bayle, Voltaire, Chamfort, La Rochefoucauld, La Bruyère gelesen, von Goethe, den Romantikern, von Schopenhauer und Nietzsche. Man sah in ihm einen Vorläufer der europäischen Aufklärung, einen

Denker der Übergangszeit zwischen Renaissance und der Philosophie der Aufklärung. Die geistigen Quellen von Graciáns Lebenslehre finden sich bereits innerhalb der klassischen griechischen Philosophie, der römischen Stoa wie auch der Scholastik des Mittelalters; dennoch ist sein Werk fest in der Problematik der ersten Hälfte des 17. Jahrhunderts verankert. Seit seinem Erscheinen in Frankreich ist dieses Werk der Gegenstand intensiver Auseinandersetzungen, von Angriffen und Anerkennung gewesen. Voltaire warf ihm Verworrenheit des Denkens vor, Bayle lobt es als Quintessenz der Erkenntnis von Mensch und Welt, andere sahen in ihm ein unmoralisches Werk oder bezichtigen Gracián, ein Mephisto der Moral zu sein.

Das Hand-Orakel zieht die Summe aus Graciáns vorhergehenden Werken ›El Héroe‹ und ›El Discreto‹ sowie aus niemals veröffentlichten Schriften, die sich vermutlich im Bezitz Lastanosas befunden haben. Lastanosa war es, der die Auswahl der Maximen vornahm, die Gracián überarbeitete, präzisierte und erweiterte. Dieser anthologische Charakter erklärt zum Teil die Schwierigkeiten, die das Verständnis des Werkes dem Leser bereitet. Die Aphorismen entstammen verschiedenen Kontexten und folgen nicht, wie die anderen Bücher Graciáns, einem übersichtlichen Plan. Dies verringert aber um nichts die Bedeutung des Werkes, als einer Zusammenfassung seines Denkens.

Der Umstand, daß jede der Maximen einen Schlüssel und ein Urteil zur Interpretation und praktischen Lösung vieler im Leben des Menschen auftretenden konkreten Situationen bietet, ebenso wie seine oft dunkle und mehrdeutige Sprache, stellt das Werk in die Reihe der alten Orakel-Bücher, die die Literatur kennt, und rechtfertigt den Titel, den ihm Lastanosa als Herausgeber des Werkes gab, obschon Gracián selbst es lieber ›Kunst der Weltklugheit‹ nannte.

Da Gracián Vernunft und Urteilskraft als die höchsten Fähigkeiten des erkennenden Subjekts für fähig hält, das moralische Verhalten des Menschen zu bestimmen und seiner Existenz ein Ziel zu geben, und in dem ›erkenne dich selbst‹ die Voraussetzung der Erkenntnis der Welt und des gerechten Handelns erblickt, muß man in Plato, Aristoteles und der römischen Stoa und hier besonders in dem Philosophen Seneca die Vorläufer der Moralistik des Hand-Orakels sehen.

Wegen seines höfischen Charakters, weil es sich einfügt in die Renaissance-Tradition der Abhandlungen über die Herausbildung des vollkommenen Weltmannes, setzt das Hand-Orakel die italienische Tradition des ›Fürsten‹ von Machiavelli, des ›Il Cortegiano‹ des Herzogs von Castiglione und des ›Galateo‹ von Giovanni della Casa fort.

Sein entschiedener Rationalismus, seine Auffassung der Erkenntnis als Mittel gegen Vorurteile und als Ausgangspunkt zur Beherrschung der individuellen Affekte und Leidenschaften, stellt das

Hand-Orakel in unmittelbare Nähe zum Denken von Descartes und Spinoza. Mit ersterem teilt Gracián die Vorliebe für die Methode als individueller Führer der moralischen Handlungen zu dem Ziele, das praktische Leben auf der Grundlage des Gebrauchs des Verstandes zu regeln. Mit Spinoza teilt er die Ablehnung des Zufalls innerhalb der sittlichen Bestimmung des Menschen und die Überzeugung, daß die theoretischen Regeln und Grundsätze in praktisches Leben umgesetzt werden können: ›Es giebt Regeln für das Glück: denn für den Klugen ist nicht alles Zufall‹ (Aphor. 21). Wie beide Philosophen glaubt Gracián, daß das Wissen mitteilbar ist und daß sich der Mensch vervollkommnen kann.

Weil es von der sozialen Erfahrung als Grundlage und Kriterium der Wahrheit des Wissens ausgeht, weil es aus einem Studium der menschlichen Existenz, aus der Erforschung der Zwecke und Mittel, die zu einer glücklichen Existenz führen, hervorgegangen ist, gehört das Hand-Orakel der Tradition der großen Moralisten von Montaigne bis zu La Rochfoucauld und La Bruyère an.

Die Problematik des Hand-Orakel wird im wesentlichen von drei Gesichtspunkten bestimmt. Da ist zunächst sein kritisch-polemischer Charakter gegenüber der Tradition, die auf dem Gebiet der Erkenntnis hauptsächlich auf der mittelalterlichen, kontemplativen Metaphysik und dem Autoritätsprinzip basiert. Diesem kritischen

Aspekt der Lehre entspricht eine Kritik der Erkenntnis und führt zu einer Neudefinition des Wissens als praktisches Wissen oder Politik. Sein Ausgangspunkt ist das dialektische Verhältnis zwischen Gesellschaft und Individuum, wobei die Gesellschaft als objektive und notwendige Realität der menschlichen Existenz betrachtet wird. Der zweite Gesichtspunkt seiner Lehre kann als eine lebenstaktische Begründung der Moral definiert werden, die von einer Auffassung der Wirklichkeit als dem Lebensraum, in dem die entgegengesetzten Interessen und Ideale der Individuen aufeinandertreffen, ausgeht. Dieser Aspekt führt zu einer widersprüchlichen Auffassung der menschlichen Handlungen und zur Annahme einer doppelten, auf dem Unterschied zwischen menschlicher Natur im allgemeinen und individueller Natur im besonderen basierenden Moral. Der dritte Aspekt der Lehre ist der des schöpferischen Charakters und führt zu einer Theorie des erhabenen Geschmacks als Attribut der angestrebten Persönlichkeit. Seine Auffassung vom erhabenen Stil im praktischen Umgang mit den Menschen ergibt sich aus seiner Konzeption des gesellschaftlichen Lebens überhaupt: Wenn das Leben ein Krieg, ein immerwährender Kampf ist, wird das Individuum die rechten Mittel und den entsprechenden Stil finden müssen, um seine Ziele zu erreichen und die Hindernisse, die der Existenz entgegenstehen, gemäß der Vernunft und dem Respekt vor der eigenen menschlichen Würde überwinden zu können.

Dieser dritte Teil führt zu einer Auffassung des Lebens als Kunstwerk, das von jedem Individuum geschaffen wird.

Innerhalb der politischen Problematik des 16. und 17. Jahrhunderts besitzt der Begriff ›Hof‹ eine sehr weite Bedeutung, denn er bezeichnet die Gesellschaft schlechthin. Das soziale Leben bildet den Ausgangspunkt der philosophischen und politischen Vorstellungen Graciáns. Die Wirklichkeit wird als ein Feld von Kräften und Widersprüchen gesehen, die in sich den Charakter der Notwendigkeit tragen. Indem er Aristoteles zitiert, identifiziert Gracián das Leben mit Bewegung, aber diese aus der Sicht des Individuums aufgefaßte Bewegung führt zur antagonistischen Opposition von Zwecken und Interessen. Wie seine italienischen Vorläufer geht Gracián in seiner Lehre von der praktischen Erfahrung und der Beobachtung des höfischen Lebens aus. Am Hof treffen das Hohe und das Niedere, die Weisen und die Toren, das Vortreffliche und das Durchschnittliche aufeinander. Am Hof, wie in der Gesellschaft überhaupt, zeigt sich der Unterschied zwischen Sein und Schein, zwischen Wahrheit und Meinung, die sich in ihrer widersprüchlichen Natur offenbaren. Aber im Unterschied zu dem, was im ›Il Cortegiano‹ von Castiglione geschieht, wo der Hof als der Ort der Erziehung und der moralischen Vervollkommnung des Helden erscheint, gibt es bei Gracián keine Apologie des Hofes, sondern eine kritische, ablehnende Haltung. Graciáns Blick ist kühl und objektiv. Für ihn ist der Hof eine Art Beobachtungsfeld für das politische Leben und den Charakter des Menschen. Er versucht die Illusionen und verwirrten Ansichten über die Gesellschaft zu revidieren, die der Optimismus der humanistischen Bestrebungen der Renaissancezeit hervorgebracht hat. Für Gracián ist der Hof ein Ort voller Gefahren und das Leben ein ›Krieg des Menschen gegen die Bosheit des Menschen‹. Die äußere Welt ist voller Feindseligkeit, der Nächste kann potentiell ein Gegner sein, den man als solchen erkennen und dem man zu begegnen wissen muß: ›Unser Weg im Umgang mit Menschen ist deshalb schwierig, weil er voll Klippen ist, an denen unser Ansehn scheitern kann‹ (Aphor. 256). Die Existenz besitzt Kampfcharakter und verlangt als solche eine Taktik und eine Methode.

Das Leben zeigt unter gewissen Umständen den unbeständigen und unsicheren Charakter eines Kartenspiels, und man muß, will man bestehen, die Spielregeln beherrschen und die Geschicklichkeit des erfahrenen Spielers besitzen: ›Nie spielt der Spieler die Karte aus, welche der Gegner erwartet, noch weniger die, welche er wünscht‹ (Aphor. 17). Der Kluge betrachtet das Leben der höfischen Welt und der Gesellschaft als eine Theatervorstellung, wo die gespenstischen Gestalten des Ruhms, der Macht und des Geldes vorüberziehen, und es kommt ihm darauf an, je nach Lage der Dinge entweder die Rolle des Darstellers oder die des Zuschauers zu übernehmen. Hieraus erklärt sich der in diesem Werk im Zusammenhang mit der Beschreibung der individuellen Handlungstaktik häufige Gebrauch von Begriffen der Jagd, des Kartenspiels und solcher, die dem Bereich der Kriegskunst entstammen.

Gracián ist der Ansicht, daß sich die Ursache für die moralischen Irrtümer, die er an den Höflingen beobachtet, im unangemessenen Gebrauch der intellektuellen Fähigkeiten des Subjekts findet sowie in der unveränderten Geltung eines traditionellen, den konkreten Problemen der Existenz fernstehenden Wissens. Gracián wirft der traditionellen Metaphysik ihren kontemplativen und lebensfremden Charakter vor, ihre Trockenheit, die sie bei den humanistischen Gelehrten bereits vollständig in Mißkredit gebracht hatte. Nur ein Wissen, das dem Kampfcharakter der sozialen Existenz gerecht werden kann, das fähig ist, eine Methode hervorzubringen, den der Existenz innewohnenden Widersprüchen standzuhalten, ist wirksam und dem Grad der historischen Entwicklung entsprechend. ›Methode ist unerläßlich zum wissen und zum leben‹ (Aphor. 249). Methode ist eine systematische Bewältigung der Existenz als Kampfzustand. Für Gracián stellen dieses neue Wissen und diese neue Methode eine Kunst dar, nämlich die Lebenskunst. Die Lebenskunst ›ist heut zu Tage das wahre Wissen‹ (Aphor. 232), denn der weiß genug, der zu leben weiß. Diese Kunst kann also als ›Politik‹ definiert werden. In den ganz konkreten Situationen der Beziehungen zwischen den Individuen verbindet sich diese Kunst der Politik mit der Kunst der Psychologie, die Gracián, hierin Machiavelli folgend, als ›Anatomie der menschlichen Seele‹ definiert: ›Es ist eine tiefe Philosophie, die Gemüther zu ergründen und die Charaktere zu unterscheiden. So sehr als die Bücher, ist es nöthig, die Menschen studirt zu haben‹ (Aphor. 157).

In der Gesellschaft der Privilegien, die auf dem Vermögen und der politischen Macht einer Klasse beruht, wie die Gesellschaft, in der Gracián lebt, ist die Mitwelt feindlich, aggressiv, ruft jede individuelle Tat eine Gegenwirkung hervor, die man im voraus erkennen und in seine weiteren Entscheidungen einbeziehen muß, will man die eigene Person nicht aufgeben. Unter dieser Voraussetzung beruht das von Gracián empfohlene moralische Verhalten auf einer taktischen Haltung, die in zahlreichen Maximen des Hand-Orakel zum Ausdruck kommt. Der Held muß die Kunst beherrschen, die Absichten der anderen herauszufinden, sofort Charakter und Schwächen des Nächsten zu erkennen, er muß zu unterscheiden wissen zwischen Sein und Schein, zwischen der bekundeten Absicht und der wahren, verborgenen. Der Kluge soll von sich selbst ein Bild entwerfen, das ihm den Umgang mit den anderen erleichtert, er muß sie durch seine Persönlichkeit zu hypnotisieren verstehen und fähig sein, bei ihnen stets Spannung zu erzeugen. Diese taktische Methode stützt sich auf den richtigen Gebrauch der intellektuellen Fähigkeiten. So haben wir es bei Gracián mit einer stark vom Intellekt geprägten Moral zu tun, und der Aphorismus 151 könnte als charakteristisches Thema für das gesamte Hand-Orakel stehen: ›Das ganze Leben muß ein fortgesetztes Denken seyn, damit man des rechten Weges nicht verfehle‹ (Aphor. 151).

Dieser markante Intellektualismus bestimmt nicht nur die Moral, sondern auch die literarischen und künstlerischen Ansichten Graciáns. Der Conceptismo Graciáns reduziert alle Vorzüge des Stils auf einen einzigen: den Scharfsinn, la agudeza, der zugleich das vorherrschende Vermögen im literarischen Schaffensprozeß darstellt. Aus diesem Grunde bezeichnet Don Marcelino Menéndez y Pelayo Graciáns Stilbetrachtung als die ›Lehre des poetischen Intellektualismus‹. Der Scharfsinn ist die Quelle des ästhetischen Genusses und somit der literarischen Schönheit gleichgesetzt. Graciáns Stilauffassung ist eine direkte Folge seiner Lebenslehre. Der Taktik auf dem Gebiet der praktischen Moral entsprechen ein Stil und eine Sprache, die dazu bestimmt sind, aus der Wahrheit ein wegen ihrer Seltenheit kostbares Gut zu machen. In gleicher Weise, wie die Persönlichkeit danach strebt, sich vor der feindseligen Mitwelt zu verteidigen, strebt auch der Stil in der Offenbarung des Wissens danach, die Gemeinplätze zu vermeiden und die Wahrheit hinter einer nur Eingeweihten zugänglichen Sprache zu verbergen.

Die Verachtung für das Vulgäre ist nicht gleichbedeutend mit einem Zurückweisen der Mehrheit des Volkes, denn für Gracián bedeutet das Vulgäre allein das Gegenteil von geistiger und moralischer Tugend: ›... denn jede Dummheit ist Pöbelhaftigkeit, und der Pöbel besteht aus Dummen‹ (Aphor. 206). Hieraus erklärt sich die leidenschaftliche Verteidigung einer Bildung, die ins Leben greift. Graciáns Stil beruht auf der Einheit von Sprache und Idee: ›Je verborgener die Idee ist und je größere Mühe ihre Offenbarung kostet, desto höher steigt ein Concepto im Kurs‹ (Arte de Ingenio; zitiert nach W. Krauss: Gracians Lebenslehre. Frankfurt a. M. 1947, S. 122). Die Formen der Rede und der Sprache offenbaren sich als Bewegungsformen des Begriffs.

Gracián verlangt vom Leser eine Anstrengung, eine Mitarbeit, denn ›was viel werth ist, kostet viel‹ (Aphor. 57). Er schreibt in kurzen, knappen, aphoristischen und lakonischen Sätzen: ›Das Gute, wenn kurz, ist doppelt gut ... Das gut Gesagte ist bald gesagt‹ (Aphor. 105). Er liebt die allegorische und symbolische Darstellung, oft verwendet er doppelsinnige Worte. Seine Sprache erzeugt einen ›Kampfstil‹ des Gedankens. Der Gedanke ist sein Element. Gracián benutzt nicht die Worte der Umgangssprache, sondern sucht sie im griechisch-lateinischen Altertum, in der Mythologie, im kultivierten Italien oder in berühmten Beispielen aus der Geschichte.

Graciáns Konzeptismus verzichtet dabei aber nicht auf volkstümliche Töne. Beweis dafür ist die beträchtliche Anzahl der im Hand-Orakel benutzten Sprichworte. Das Sprichwort zeigt in seiner formalen Struktur, dank seiner Kürze und Evidenz eine Verwandtschaft mit Maxime und Aphorismus. Das Sprichwort scheint ein dem Zweck seines Stils entsprechendes literarisches Mittel zu sein: Konzentration des Ausdrucks auf das Wesentliche, Vieles in wenigen Worten zu sagen. Ein anderer Vorzug des Sprichwortes besteht darin, sich auf relativ unveränderliche Aspekte des menschlichen Lebens zu beziehen. Das Sprichwort, wie Graciáns Maximen, findet seine Geltung und Wirksamkeit in Verbindung mit einer konkreten gegebenen Situation, für welche es jeweils ein Urteil zu ihrer Deutung und praktischen Bewältigung anbietet.

Seine Sprache zeichnet sich durch einen wesentlichen Gehalt, durch ihre Kürze, aber gleichzeitig auch durch ihre Eleganz, durch eine reiche und glänzende Form aus, die Bilder und Metaphern verwendet, sobald diese Träger von Sinn und Gedanken werden.

Die Lebenslehre Graciáns betrachtet die Entwicklung der menschlichen Persönlichkeit einerseits als gegebenen, naturgemäßen Prozeß, das heißt als Evolution, die den verschiedenen Lebensaltern entspricht, und andererseits als das Produkt der echt menschlichen Tätigkeit. Der Mensch wird als natürliches, rationales und praktisches Wesen erfaßt. Hierin liegt der positive Beitrag seiner Auffassung: ›Man wird nicht fertig geboren: mit jedem Tag vervollkommnet man sich in seiner Person und seinem Beruf, bis man den Punkt seiner Vollendung erreicht, wo alle Fähigkeiten vollständig, alle vorzüglichen Eigenschaften entwickelt sind‹ (Aphor. 6). Diese Entwicklung also strebt nach der Verwirklichung eines Ideals: die Hauptaufgabe im Leben besteht darin, Person zu werden. ›Alles hat heut zu Tage seinen Gipfel erreicht, aber die Kunst sich geltend zu machen, den höchsten‹ (Aphor. 1). Graciáns Lehre ist praktisch bestimmt, es geht darum, wie er in Aphorismus 65 und 296 sagt, ein Mann von erhabenen Eigenschaften und von erhabenem Geschmack zu werden. Um dieses Ziel zu erreichen, müssen die Natur und die natürlichen Anlagen des Subjekts durch die Kunst, die Kultur, die Bildung und den Geschmack ergänzt werden, die im Grunde nur verschiedene Formen der schöpferischen Tätigkeit des Menschen darstellen. Der Mensch ist ein praktisches und schöpferisches Wesen, und die Vollendung seiner Persönlichkeit ist sein eigenes Kunstwerk. Aber damit die Tätigkeit zum Erfolg führt, soll diese sich von dem inneren Vermögen leiten lassen, welches Gracián als ›Kunst der Weltklugheit‹ definiert.

Als erkennendes Vermögen besteht die Kunst der Weltklugheit darin, ins Innere der Dinge und der menschlichen Charaktere zu schauen, um dort Unterschiede und Verwandtschaften zu entdecken: Graciáns Blick stützt sich auf eine dialektische Weltbetrachtung: ›Das Wechselspiel der Gegensätze verschönert, ja erhält die Welt, und was in der physischen Harmonie herbeiführt, wird es noch mehr in der moralischen‹ (Aphor. 108).

Als praktisches Vermögen besteht die Kunst der Weltklugheit darin, aus der Erkenntnis der Gegensätze ›den Punkt der Reife‹ in den Dingen, das vernünftige Maß zu finden, um im praktischen Leben danach zu handeln: ›Ein Weiser führte auf Mäßigung die ganze Weisheit zurück‹ (Aphor. 82). Maß ist die große Regel und das Kriterium des Geschmacks. Handeln setzt also Form und Stil voraus: ›Die größte Vollkommenheit der Handlungen stützt sich auf die sichere Meisterschaft, mit der man sie ausführt‹ (Aphor. 45).

Das individuelle Leben ist für Gracián letztlich ein täglicher Neubeginn: ›Es ist das Vorrecht des Phönix ... Man bewirke also seine Wiedergeburt in der Tapferkeit, im Genie, im Glück, in Allem. Man trete mit neuen glänzenden Sachen hervor und gehe, wie die Sonne, wiederholt auf‹ (Aphor. 81).

III

Arthur Schopenhauer, der Übersetzer des Hand-Orakel, war ein ausgezeichneter Kenner der klassischen spanischen Literatur. Er zitiert in seinen Werken die Namen von Cervantes, Lope de Vega, Calderón de la Barca ebenso wie eine große Anzahl spanischer Sprichworte. Aber ohne Zweifel hat ihn unter allen spanischen Autoren der Jesuit Baltasar Gracián am meisten interessiert, denn sein Name wird oft erwähnt; so in seinem Hauptwerk ›Die Welt als Wille und Vorstellung‹, ebenso in seiner

Abhandlung ›Über den Willen in der Natur‹ und vor allem in seinen ›Aphorismen zur Lebensweisheit‹, die anscheinend vom Gracián des Hand-Orakels inspiriert worden. Schopenhauer sieht in dem spanischen Schriftsteller einen Vorläufer seiner eigenen Moralistik. Er bewundert die Nüchternheit Graciánschen Denkens, in welchem er eine Bestätigung seiner eigenen pessimistischen Weltsicht zu finden glaubt.

Unzweifelhaft gibt es Ähnlichkeiten und Verwandtschaften zwischen beiden Denkern, aber die Unterschiede sind nicht geringer. Beide machen sich den Ausspruch Senecas zu eigen: ›Willst du dir alles unterwerfen, so unterwirf dich der Vernunft‹. (Moralische Briefe an Lucilius 37,4; Schopenhauer zitiert Seneca lateinisch in: Aphorismen zur Lebensweisheit, in: Arthur Schopenhauer: Sämtliche Werke, Band IV, Leipzig 1979, S. 523). Für beide Philosophen ist die Vernunft das höchste Kriterium aller Lebenskunst. So schreibt Schopenhauer: ›Daher also sollen wir die Dinge, welche unser Wohl und Wehe betreffen, bloß mit dem Auge der Vernunft und Urteilskraft betrachten ...‹ (Ebenda S. 518). Der spanische Moralist glaubt ebenso wie der deutsche Philosoph, daß die geistige Aristokratie die ›vornehmste‹ sei. Gracián gründet den Wert der Person und der Dinge auf die Seltenheit; Schopenhauer seinerseits empfiehlt in seinen ›Aphorismen‹, sich seinen Freunden nur nach bedeutenden Zwischenräumen zu zeigen. Beide vertreten eine aristokratische Konzeption der Persönlichkeit. Beide folgen Montaigne in der Verteidigung eines Kosmopolitismus, wenn sie die Individualität einer Person höher bewerten als ihre Nationalität. So schreibt Schopenhauer: ›Übrigens überwiegt die Individualität bei weitem die Nationalität, und in einem gegebenen Menschen verdient jene tausendmal mehr Berücksichtigung als diese‹ (Ebenda S. 430).

Jenseits dieser Übereinstimmungen jedoch sind tiefgreifende Unterschiede zwischen beiden festzustellen; der Ausgangspunkt kann der gleiche sein, aber die praktischen und moralischen Konsequenzen sind verschieden. Deutlich wird dies, vergleicht man die von beiden geteilte Auffassung, daß das Leben als ein Kampf zu betrachten ist. Für Schopenhauer ist es ein Kampf, bei dem uns jeder Schritt streitig gemacht wird. Und hieraus schlußfolgernd, rät er zu Einsamkeit, Passivität und Zurückgezogenheit von der Gesellschaft. Für Schopenhauer ist die Welt ein ›Schauplatz des Jammers‹, demgegenüber es besser ist, ›sich ... eine feuerfeste Stube zu verschaffen‹ (ebenda S. 485). Anders bei Gracián. Für ihn verlangt der polemische Charakter der Existenz nach einer praktischen Lösung, nach einem neuen, politischen Wissen, um innerhalb des sozialen Rahmens Erfolg und Glück zu erlangen. Schopenhauers Weltsicht ist entschieden pessimistisch, während Graciáns nüchterne und illusionslose Betrachtung der Welt den Ausgangspunkt für eine neue aktive Lebenshaltung bildet.

Ein weiterer Unterschied zwischen beiden zeigt sich in der Definition des Glückes. Für Schopenhauer liegt der Akzent allein auf der Individualität des Menschen: ›... durch seine Individualität ist das Maß seines möglichen Glückes zum voraus bestimmt‹ (ebenda S. 380). Auf diese Weise läßt Schopenhauer jedoch die objektiven Bedingungen außer acht, die für Gracián Voraussetzungen zur Verwirklichung individueller Zwecke darstellen. Für Gracián ist die Meinung der Zeitgenossen stets gegenwärtig, er hält das Ansehen, das eine Person sich verschafft und genießt, für einen guten Empfehlungsbrief im Leben. Schopenhauer hingegen leugnet die Bedeutung, die die Meinung der anderen haben kann, und endet in einer vollkommen misanthropischen Auffassung.

Es ist sehr wahrscheinlich, daß Schopenhauer das Hand-Orakel schon in seiner Jugend in einer Übersetzung gekannt hat. Mit Sicherheit weiß man aber, daß er 1825 mit dem Studium der spanischen Sprache begann. Bis zu diesem Zeitpunkt gab es keine vom Originaltext ausgehende deutsche Übersetzung, sondern lediglich auf der französischen Übersetzung beruhende Fassungen. Der ungenaue Charakter der deutschen Übersetzungen regte ihn dazu an, eine eigene, vom spanischen Originaltext ausgehende in Angriff zu nehmen. Er begann damit, die verschiedenen bereits existierenden Übersetzungen zu studieren: die französische von Amelot de la Houssaie, ›L'Homme de Cour‹ (1684);

die deutsche Fassung von August Friedrich Müller (Leipzig 1715); die lateinische von 1750, welche auf der französischen Übersetzung beruht, ebenso wie die 1802 in Leipzig erschienene Fassung von Karl Heinrich Heydenreich. Besonders kritisch zeigte sich Schopenhauer gegenüber einer 1820 erschienenen Auswahl von Aphorismen aus dem Hand-Orakel unter dem Titel ›Das kleine schwarze Taschenbuch‹, das er als ein ›höchst elendes Machwerk‹ bezeichnet.

1828 schließt Schopenhauer die Übersetzung der ersten fünfzig Aphorismen ab, wobei er schon an eine mögliche Veröffentlichung denkt. In der Zeit um 1831/32 sind sämtliche dreihundert Aphorismen des Hand-Orakels ins Deutsche übertragen, Schopenhauer legt sie seinem Freund, dem Hispanisten Johann Georg Keil zur Begutachtung vor, mit der Bitte, einen Verleger zu suchen. Aber das Projekt scheitert, da Übersetzer und Verleger sich nicht zu einigen vermögen, so daß seine Übersetzung des Hand-Orakels erst im Jahre 1862, zwei Jahre nach Schopenhauers Tod, im Verlag F. A. Brockhaus erschien.

Schopenhauers Übersetzung folgt sehr genau dem Sinn des Originaltextes, respektiert das Wesentliche, versucht jedoch nicht, für die dem Hand-Orakel eigenen stilistischen Aspekte in einer Sprache wie der deutschen, die von der spanischen so sehr verschieden ist, eine Entsprechung zu finden. In seinem Vorwort weist er selber darauf hin. Es gibt keinerlei überflüssiges Virtuosentum in seiner

Übersetzung, seine Sprache ist klar und elegant. Schopenhauer ist ein großer Stilist, ein Schriftsteller, der neben dem Lateinischen auch alle anderen romanischen Sprachen beherrscht.

Es ist ein Glücksfall für den deutschen Leser, Graciáns Hand-Orakel in der Übersetzung von Schopenhauer lesen zu können, denn er übertrug den Originaltext nicht nur genau, sondern seine Übersetzung enthält auch bereits, dank ihrer Klarheit, die Erklärung des jeweiligen Gehalts der einzelnen Aphorismen. Es ist ihm gelungen, den im spanischen Original hinter einer hochkomprimierten Sprache verborgenen Sinn freizulegen. Schopenhauers Übersetzung erleichtert somit das Verständnis für das Denken Baltasar Graciáns. Dieses Beispiel bekräftigt die Auffassung von Jorge Luis Borges, nach welcher eine gute Übersetzung das Original stets bereichert. Der Wert dieser Leistung von Arthur Schopenhauer ist durch den bedeutenden Kenner und Historiker der spanischen Literatur Marcelino Menéndez y Pelayo (1856–1912) anerkannt und gewürdigt worden, wenn er in seiner berühmten ›Geschichte der ästhetischen Ideen in Spanien‹ schreibt: ›Wie bekannt, ist er erfolgreich aus dem höchst schwierigen Unternehmen hervorgegangen, das ›Hand-Orakel und Kunst der Weltklugheit‹ von Baltasar Gracián ins Deutsche zu übersetzen, das ohne Zweifel am schwierigsten zugängliche Werk, das wir in spanischer Sprache besitzen.‹

Carlos Marroquin

Zu dieser Ausgabe

Der spanische Titel des Werkes lautet: ›Oráculo Manual y Arte de Prudencia. Sacada de los aforismos que se discurren en las obras de Lorenço Gracián, que publica don Vincencio-Juan de Lastanosa‹ (Hand-Orakel und Kunst der Weltklugheit. Blütenlese der in Lorenzo Graciáns Werken enthaltenen Aphorismen, herausgegeben von Vincencio Juan de Lastanosa). Die erste Ausgabe erschien 1647 in Huesca. Sie gilt als verschollen. Die zweite erschien 1653 in Madrid. Schopenhauers Titelvorschlag lautet: ›Baltasar Gracián's Handorakel und Kunst der Weltklugheit aus dessen Werken gezogen von D. Vincencio Juan de Lastanosa und aus dem Spanischen Original treu und sorgfältig übersetzt.‹

Unsere Ausgabe folgt dem von Arthur Hübscher nach der Handschrift neu erarbeiteten Text der Übersetzung Schopenhauers (Arthur Schopenhauer, ›Der handschriftliche Nachlaß‹, Vierter Band, Zweiter Teil. Herausgegeben von Arthur Hübscher. Im Verlag von Waldemar Kramer Frankfurt am Main 1975).

Nur in wenigen Punkten erfolgten in unserer Ausgabe Eingriffe in Schopenhauers Orthographie: ›Ue‹, ›Ae‹ etc. wurden in ›Ü‹, ›Ä‹ etc. verwandelt, Personennamen der heute üblichen Schreibweise angeglichen und ebenso einige Fremdwörter, die

Schopenhauer in ihrer Schreibweise dem Deutschen angeglichen hatte; z. B. steht statt ›Karakter‹ in unserem Text ›Charakter‹. Von diesen geringfügigen Leseerleichterungen abgesehen, bietet diese Ausgabe den vollständigen Text in der authentischen Orthographie Schopenhauers. Sämtliche Fußnoten und das Register stammen von Schopenhauer.

Anmerkungen

Die Anmerkungen beschränken sich darauf, die unbedingt notwendigen Verständnishilfen für den Text bereitzustellen, verzichten jedoch auf einen Nachweis der vielen Zitate und Anspielungen, die im Text nicht als solche kenntlich werden.

Die Ziffern bezeichnen die Aphorismen bzw. die sich auf diese beziehenden Fußnoten Schopenhauers.

13 *Python:* in der griechischen Sage der Drache, den Apollon bei Delphi erlegt.

15 *den barbarischen Geschmack des Tigranes:* Tigranes (um 95–56 v. u. Z.), König von Armenien und Bundesgenosse Roms; nannte sich selbst ›König der Könige‹. Seine Herrschsucht war dermaßen übertrieben, daß er nach seiner Ernennung zum König von Armenien die besiegten Könige als seine Diener behandelte.

22 *sieben Künste:* Im Mittelalter zählten zu den Sieben Freien Künsten, welche den hauptsächlichen Inhalt der höheren Schulbildung ausmachten: Grammatik, Dialektik (einschließlich Metaphysik und Logik), Rhetorik, Geometrie (einschließlich Geographie), Arithmetik, Astronomie und Musik (einschließlich Poesie).

23 *wie Cäsar sein physisches Gebrechen mit dem Lorbeer zu bedecken wußte:* Cäsar hatte eine Glatze.

26 *primum mobile:* lat., das erste Bewegliche; in figürlicher Verwendung: die erste Quelle einer Bewegung oder Handlung. Im Mittelalter Fachterminus für die äußerste Sphäre, die man dem Ptolemäischen System hinzugefügt hatte und von der angenommen wurde, daß ihre vierundzwanzigstündige, nach der Aristotelischen Auffassung von Gott verursachte Umwälzung um die Erde die Bewegung der in ihr enthaltenen Sphären nach sich zieht.

28 *›habe ich etwas Verkehrtes gesagt?‹:* Dieser Ausspruch wird nach Plutarch, Leben Phokions 8,3, diesem athenischen Feldherrn (402–318 v. u. Z.) zugeschrieben. Schopenhauer gibt in § 242 seiner ›Paralipomena‹ eine genauere Übersetzung dieses Ausspruchs: ›Habe ich etwa unversehens etwas Schlechtes gesagt?‹

29 *Phönix:* heiliger Vogel der ägyptischen, griechischen und römischen Mythologie. Der Phönix soll sich in gewissen Zeitabständen selbst verbrennen und aus seiner Asche neu auferstehen. Er gilt als Symbol der Unsterblichkeit.

50 *Seneca's imaginären Hofmeister:* Seneca empfiehlt im fünfundzwanzigsten seiner ›Moralischen Briefe an Lucilius‹ so zu leben, ›... als würde man von eines trefflichen und stets gegenwärtigen Mannes Augen beobachtet ...‹ (Übers. O. Apelt). Im gleichen Brief teilt er das Epikureische Fragment mit: ›Halte dich in allen Stücken so, als hättest Du den Epikur zum Zuschauer‹ (Übers. O. Apelt).

53 *Eile mit Weile, war ein recht kaiserlicher Wahlspruch:* Dieser Satz stammt von dem römischen Kaiser Augustus (63 v. u. Z.–14 u. Z.).

55 *›die Zeit und ich ...‹:* Nach Gracián (El Discreto III, Hombre de espera) stammt dieser Ausspruch von Karl V.

56 *antiparastatische Genies:* In der griechischen Rechtsprechung verstand man unter der Antiparastasis die Entgegnung des Beklagten, mit der dieser den Kläger widerlegen wollte.

64 *Lucina:* in der ältesten griechischen Mythologie die Geburtsgöttin, die Beschützerin der schwangeren Frauen, später Beiname der Juno als Geburtsgöttin. In Graciáns Kontext im Sinne von Beschützerin verwendet.

64 *wie Mithridat nicht ohne Gift:* Als Mithridates IV. (132–63 v. u. Z.) König des Pontos war, fürchtete er, daß seine Feinde ihn vergiften könnten. Aus diesem Grund gewöhnte er sich als Schutzmaßnahme an, regelmäßig kleine Mengen Gift zu sich zu nehmen. Als er sich nach seiner Niederlage mit Hilfe von Gift das Leben nehmen wollte, versagte ihm dieses seine Wirkung, so daß er seinen Leibwächter bitten mußte, ihn mit dem Schwert zu töten.

77 *Proteus:* in der griechischen Mythologie weissagender Meergreis, der alle Gestalten annehmen kann.

80 *Wardein:* Beamter, der den Gehalt der Münzen und Mineralien prüft.

83 *Ostracismus:* Scherbengericht im alten Griechenland, d. h. Abstimmung der Volksversammlung mit Tonscherben (Ostrakons), das über die zeitweilige Verbannung von Bürgern entschied, denen eine Gefährdung des verfassungsmäßigen Staatslebens vorgeworfen wurde.

85 *Manille:* bei regulären Spielen die zweithöchste Trumpfkarte im L'hombre-Spiel. Während jeweils die niedrigste Karte der Trumpffarbe die Manille ist, sind Pik- und Treff-As stets Trumpf.

91 *Nemine discrepante:* akademische Formel, die bei der Prüfung eines Studenten verwendet wird und die soviel heißt wie ›einstimmig‹ oder ›ohne Einwände‹ bestanden.

109 *daß sie aus Splittern Balken machen:* Anspielung auf Matthäus 7,3: ›Was siehest du aber den Splitter in deines Bruders Auge, und wirst nicht gewahr des Balkens in deinem Auge?‹

126 *nisi caste, tamen caute:* lat., ›Wer nicht keusch ist, muß vorsichtig sein.‹

137 *Jener, der sich selbst Alles in Allem war.:* Gracián kann sich damit auf Bias (um 600 v. u. Z.), einen der sieben Weisen, oder den Philosophen Stilpon von Megara (um 320 v. u. Z.) beziehen, kaum aber, wie Schopenhauer annimmt, auf Diogenes von Sinope. Cicero schreibt in den ›Paradoxen der Stoiker‹ I, 1,8: ›Und so, wie ich nie sagen werde, jemand habe Güter verloren, wenn er an seinem Viehstand oder an seinem Hausgerät einen Verlust erlitten hat, ebenso werde ich oft jenen Weisen loben – Bias war es, wie ich meine, der unter die Sieben gezählt wird –, der, als der Feind seine Vaterstadt Priene eingenommen hatte und alle anderen auf ihrer Flucht vieles von ihren Habseligkeiten mit sich nahmen, einem, der ihn ermahnte, ein gleiches zu tun, zur Antwort gab: ‚Ich tue es ja; denn ich führe alle meine Habe bei mir.'‹ (Übers. R. Kühner). Seneca schreibt in seinen ›Moralischen Briefen an Lucilius‹ IX, 18 Stilpon einen ähnlichen Ausspruch zu (vgl. auch Diogenes Laertius II, 11, 115–116).

152 *die kluge Fabulla ...:* Anspielung auf Martial, Epigramme VIII, 79: ›Du hast zur Freundin alle alten Weiber / und die noch häßlicher als diese, leider. / Die schleppst, Fabulla, du mit dir herum / zu Gastmahl, Hallen, vor das Publikum. / So bist du im Vergleich zu ihnen / noch mädchenhaft und schön erschienen.‹ (Übers. W. Hofmann)

158 *Quodlibet ens est ...:* lat., ›Jedes beliebige Seiende ist eines, wahr und gut.‹

159 Ανεχεσθαι και απεχεσθαι: griech., ›ertragen und entsagen‹. Gellius überliefert in den Noctes Atticae XVII, 19,6 als Ausspruch Epikurs: ›Ανέχου καὶ ἀπέχου‹, ›ertrage und entsage‹.

173 *wie ein Diamant, und daher ein Amant ein halber Diamant zu nennen:* Nachbildung des für Gracián typischen Wortspiels: ›La condición del amante tiene la mitad de diamante‹, was wörtlich heißt: ›Die Beharrlichkeit des Liebenden hat die Härte des Diamanten.‹ Schopenhauer ver-

wendet das französische Wort ›Amant‹ für Liebhaber bzw. Liebende.

191 *Einige bedürfen, um hexen zu können, nicht der Kräuter Thessaliens:* Thessalien war eine Landschaft in Nordgriechenland, Kornkammer des Landes, wo viele Kräuter wuchsen, die nach alter Überlieferung zur Hexerei benutzt wurden.

198 *Eine Nadel ... geringgeschätzt:* Dieser Satz bezieht sich auf die Praxis der spanischen Eroberer, die in Amerika wertlose Glasscherben gegen Gold eintauschten.

205 *Solche Verwegne ... Feuer anlegen:* Anspielung auf Lucius Demitius Nero, der im Jahre 64 Rom, und auf Herostratos, der 356 v. u. Z. den Tempel der Artemis in Ephesos in Brand steckte.

206 *daß es Pöbel überall giebt, selbst im schönen Korinth:* Die Stadt Korinth genoß wegen ihrer hohen Kultur großes Ansehen im Altertum.

210 *geschickte Ärzte der Seele:* Gracián meint die Moralphilosophen.

222 *Momus hätte wahrlich ...:* Momus (nach der griechischen Mythologie der Sohn der Nacht und Gott des Spottes und Tadels) hatte, wie Lukian in seinem Dialog ›Hermotimus‹ schreibt, Vulkan, der einen Menschen geschaffen hatte, dafür getadelt, ›... daß er an der Brust seines Menschen keine Fenster angebracht habe, durch welche man in den Sitz seiner Gedanken und Gesinnungen hineinsehen und sich also immer überzeugen könnte, ob das, was er sage, Verstellung oder seine wahre Meinung sei.‹ (Übers. Ch. M. Wieland)

227 *Alexander bewahrte stets ...:* Wie Plutarch, Leben Alexanders 42, mitteilt, soll Alexander anfänglich in Prozessen über Leben und Tod während der Anklagerede ein Ohr mit der Hand zugehalten zu haben, um es für den Angeklagten unvoreingenommen zu erhalten.

243 *Man vereinige in sich die Taube und die Schlange:* Der Satz hat wahrscheinlich seine Quelle in Matthäus 10, 16: ›Siehe ich sende euch wie Schafe mitten unter die Wölfe; darum seid klug wie die Schlangen und ohne Falsch wie die Tauben.‹

265 *der Große Feldherr:* Gonzalo (ital. Gonsalvo) Fernandez de Cordova (oder Cordoba) y Aguilar (1443–1515) entschied 1476 gegen Portugal die Schlacht bei Toro, erreichte 1492 die Übergabe des maurischen Granada, kämpfte siegreich im ersten und zweiten französisch-spanischen Krieg um Neapel (1495–1498 und 1502–1505). Er wurde ehrend ›Gran Capitán‹ genannt, im Sinne von ›großer Feldherr‹.

281 *Der verständige Antigonus ...:* Diogens Laertius VII, 14–15 berichtet über den mit Zenon, dem Begründer der stoischen Philosophie, befreundeten König Antigonus Gonatas: ›Auch soll Antigonos nach dem Tode des Zenon gesagt haben: ‚Welch einen Zuschauer habe ich verloren.'‹ (Übers. O. Apelt)

296 *Es gab einen Mann, dem es gefiel, alle seine Sachen ... besonders groß zu haben:* Gemeint ist wahrscheinlich Philipp II., der für den Reichtum und Prunk seines Hofes bekannt war.

300 *Drei Dinge, welche im Spanischen mit einem S anfangen:* santo, sano, sabio.

Register

17. Abwechselung in der Art zu verfahren.

18. Fleiß und Talent.

19. Nicht unter übermäßigen Erwartungen auftreten.

20. Der Mann seines Jahrhunderts.

21. Die Kunst Glück zu haben.

22. Ein Mann von willkommnen Kenntnissen.

23. Ohne Makel seyn.

24. Die Einbildungskraft mäßigen.

25. Winke zu verstehn wissen.

26. Die Daumschraube eines Jeden finden.

27. Mehr das Intensive als das Extensive schätzen.

28. In nichts gemein.

29. Ein rechtschaffener Mann seyn.

30. Sich nicht zu Beschäftigungen bekennen, die in schlechtem Ansehn stehn.

31. Die Glücklichen und Unglücklichen kennen.

32. Im Rufe der Gefälligkeit stehn.

33. Sich zu entziehn wissen.

34. Seine vorherrschende Fähigkeit kennen.

35. Nachdenken, und am meisten über das, woran am meisten gelegen.

36. Sein Glück erwogen haben.

37. Stichelreden kennen und anzuwenden verstehn.

38. Vom Glücke beim Gewinnen scheiden.

39. Den Punkt der Reife an den Dingen kennen.

40. Gunst bei den Leuten.

41. Nie übertreiben.

42. Von angeborner Herrschaft.

43. Denken wie die Wenigsten und reden wie die Meisten.

44. Mit großen Männern sympathisieren.

45. Von der Schlauheit Gebrauch, nicht Mißbrauch machen.

46. Seine Antipathie bemeistern.

47. Ehrensachen meiden.

48. Gründlichkeit und Tiefe.

49. Scharfblick und Urtheil.

50. Nie setze man die Achtung gegen sich selbst aus den Augen.

51. Zu wählen wissen.

52. Nie aus der Fassung gerathen.

53. Thätigkeit und Verstand.

54. Haare auf den Zähnen haben.

55. Warten können.

56. Geistesgegenwart haben.

57. Sichrer sind die Überlegten.

58. Sich anzupassen verstehn.

59. Das Ende bedenken.

60. Gesundes Urtheil.

61. Das Höchste, in der höchsten Gattung.

62. Sich guter Werkzeuge bedienen.

63. Es ist ein großer Ruhm, der Erste in der Art zu seyn.

64. Übel vermeiden und sich Verdrießlichkeiten ersparen.

65. Erhabener Geschmack.

66. Den glücklichen Ausgang im Auge behalten.

67. Beifällige Ämter vorziehn.

68. Es ist von höherm Werth, Verstand, als Gedächtniß zu leihen.

69. Sich nicht gemeiner Launenhaftigkeit hingeben.

70. Abzuschlagen verstehn.

71. Nicht ungleich seyn.

72. Ein Mann von Entschlossenheit.

73. Vom Versehn Gebrauch zu machen wissen.

74. Nicht von Stein seyn.

75. Sich ein heroisches Vorbild wählen.

76. Nicht immer Scherz treiben.

77. Sich Allen zu fügen wissen.

78. Kunst im Unternehmen.

79. Joviales Gemüth.

80. Bedacht im Erkundigen.

81. Seinen Glanz erneuern.

82. Nichts bis auf die Hefen leeren.

83. Sich verzeihliche Fehler erlauben.

84. Von den Feinden Nutzen ziehn.

85. Nicht die Manille seyn.

86. Übler Nachrede vorbeugen.

87. Bildung und Eleganz.

88. Das Betragen sei großartig, Erhabenheit anstrebend.

89. Kenntniß seiner selbst.

90. Kunst lange zu leben.

91. Nie bei Skrupeln über Unvorsichtigkeit zum Werke schreiten.

92. Überschwenglicher Verstand.

93. Universalität.

94. Unergründlichkeit der Fähigkeiten.

95. Die Erwartung rege erhalten.

96. Die große Obhut seiner selbst.

97. Ruf erlangen und behaupten.

98. Sein Wollen nur in Ziffernschrift.

99. Wirklichkeit und Schein.

100. Ein vorurtheilsfreier Mann.

101. Die eine Hälfte der Welt lacht über die andre.

102. Für große Bissen des Glücks einen Magen haben.

103. Jeder sei in seiner Art majestätisch.

104. Den Ämtern den Puls gefühlt haben.

105. Nicht lästig seyn.

106. Nicht mit seinem Glücke prahlen.

107. Keine Selbstzufriedenheit zeigen.

108. Sich gut zu gesellen verstehn.

109. Kein Ankläger seyn.

110. Nicht abwarten, daß man eine untergehende Sonne sei.

111. Freunde haben.

112. Sich Liebe und Wohlwollen erwerben.

113. Im Glück aufs Unglück bedacht seyn.

114. Nie ein Mitbewerber seyn.

115. Sich an die Charakterfehler seiner Bekannten gewöhnen.

116. Sich nur mit Leuten von Ehr- und Pflicht-Gefühl abgeben.

117. Nie von sich reden.

118. Den Ruf der Höflichkeit erwerben.

119. Sich nicht verhaßt machen.

120. Sich in die Zeiten schicken.

121. Nicht eine Angelegenheit aus dem machen, was keine ist.

122. Im Reden und Thun etwas Imponierendes haben.

123. Ohne Affektation seyn.

124. Es dahin bringen, daß man zurückgewünscht wird.

125. Kein Sündenregister seyn.

126. Dumm ist nicht, wer eine Dummheit begeht, sondern wer sie nicht zu bedecken versteht.

127. Edle, freie Unbefangenheit bei Allem.

128. Hoher Sinn.

129. Nie sich beklagen.

130. Thun und sehn lassen.

131. Adel des Gemüths.

132. Zwei Mal überlegen.

133. Besser, mit Allen ein Narr, als allein gescheut.

134. Die Erfordernisse des Lebens doppelt besitzen.

135. Keinen Widerspruchsgeist hegen.

136. Sich in den Materien festsetzen.

137. Der Weise sei sich selbst genug.

138. Kunst, die Dinge ruhen zu lassen.

139. Die Unglückstage kennen.

140. Gleich auf das Gute in jeder Sache treffen.

141. Nicht sich zuhören.

142. Nie aus Eigensinn sich auf die schlechtere Seite stellen.

143. Nicht, aus Besorgniß trivial zu seyn, paradox werden.

144. Mit der fremden Angelegenheit auftreten, um mit der seinigen abzuziehn.

145. Nicht den schlimmen Finger zeigen.

146. In's Innere schauen.

147. Nicht unzugänglich seyn.

148. Die Kunst der Unterhaltung besitzen.

149. Das Schlimme Andern aufzubürden verstehn.

150. Seine Sachen herauszustreichen verstehn.

151. Voraus denken.

152. Nie sich zu dem gesellen, durch den man in den Schatten gestellt wird.

153. Man hüte sich einzutreten, wo eine große Lücke auszufüllen ist.

154. Nicht leicht glauben, und nicht leicht lieben.

155. Die Kunst, in Zorn zu gerathen.

156. Die Freunde seiner Wahl.

157. Sich nicht in den Personen täuschen.

158. Seine Freunde zu nutzen verstehn.

159. Die Narren ertragen können.

160. Aufmerksamkeit auf sich im Reden.

161. Seine Lieblingsfehler kennen.

162. Über Nebenbuler und Widersacher zu triumphieren verstehn.

163. Nie, aus Mitleid gegen den Unglücklichen, sein Schicksal auf sich zuziehn.

164. Einige Luftstreiche thun.

165. Ein redlicher Widersacher seyn.

166. Den Mann von Worten von dem von Werken unterscheiden.

167. Sich zu helfen wissen.

168. Nicht zu einem Ungeheuer von Narrheit werden.

169. Mehr darauf wachen, nicht ein Mal zu fehlen, als hundert Mal zu treffen.

170. Bei allen Dingen stets etwas in Reserve haben.

171. Die Gunst nicht verbrauchen.

172. Sich nicht mit dem einlassen, der nichts zu verlieren hat.

173. Nicht von Glas seyn im Umgang, noch weniger in der Freundschaft.

174. Nicht hastig leben.

175. Ein Mann von Gehalt seyn.

176. Einsicht haben, oder den anhören, der sie hat.

177. Den vertraulichen Fuß im Umgang ablehnen.

178. Seinem Herzen glauben.

179. Die Verschwiegenheit ist das Stempel eines fähigen Kopfs.

180. Nie sich nach dem richten, was der Gegner jetzt zu thun hätte.

181. Ohne zu lügen, nicht alle Wahrheiten sagen.

182. Ein Gran Kühnheit bei Allem, ist eine wichtige Klugheit.

183. Nichts gar zu fest ergreifen.

184. Nicht ceremoniös seyn.

185. Nie sein Ansehn von der Probe eines einzigen Versuchs abhängig machen.

186. Fehler als solche erkennen, auch wenn sie in noch so hohem Ansehn stehn.

187. Was Gunst erwirbt, selbst verrichten, was Ungunst, durch Andere.

188. Löbliches zu berichten haben.

189. Sich den fremden Mangel zu Nutze machen.

190. In Allem seinen Trost finden.

191. Nicht an der großen Höflichkeit sein Genügen haben.

192. Friedfertig leben, lange leben.

193. Dem aufpassen, der mit der fremden Angelegenheit auftritt, um mit der eigenen abzuziehn.

194. Von sich und seinen Sachen vernünftige Begriffe haben.

195. Zu schätzen wissen.

196. Seinen Glücksstern kennen.

197. Sich keine Narren auf den Hals laden.

198. Sich zu verpflanzen wissen.

199. Sich Platz zu machen wissen.

200. Etwas zu wünschen übrig haben.

201. Narren sind Alle, die es scheinen, und die Hälfte derer, die es nicht scheinen.

202. Reden und Thaten machen einen vollendeten Mann.

203. Das ausgezeichnet Große seines Jahrhunderts kennen.

204. Man unternehme das Leichte, als wäre es schwer, und das Schwere, als wäre es leicht.

205. Die Verachtung zu handhaben verstehn.

206. Man soll wissen, daß es überall Pöbel giebt.

207. Sich mäßigen.

208. Nicht an der Narrenkrankheit sterben.

209. Sich von allgemeinen Narrheiten frei halten.

210. Die Wahrheit zu handhaben verstehn.

211. Im Himmel ist Alles Wonne.

212. Die letzten Feinheiten der Kunst stets zurückbehalten.

213. Zu widersprechen verstehn.

214. Nicht aus Einem dummen Streich zwei machen.

215. Dem aufpassen, der mit der zweiten Absicht herankommt.

216. Die Kunst des Ausdrucks besitzen.

217. Nicht auf immer lieben, noch hassen.

218. Nie aus Eigensinn handeln, sondern aus Einsicht.

219. Man gelte nicht für einen Mann von Verstellung.

220. Wer sich nicht mit der Löwenhaut bekleiden kann, nehme den Fuchspelz.

221. Nicht leicht Anlaß nehmen, sich oder Andre in Verwickelungen zu bringen.

222. Zurückhaltung ist ein sicherer Beweis von Klugheit.

223. Weder aus Affektation, noch aus Unachtsamkeit, etwas besonderes an sich haben.

224. Die Dinge nie wider den Strich nehmen.

225. Seinen Hauptfehler kennen.

226. Stets aufmerksam seyn, Verbindlichkeiten zu erzeigen.

227. Nicht dem ersten Eindruck angehören.

228. Kein Lästermaul seyn.

229. Sein Leben verständig einzutheilen verstehn.

230. Die Augen bei Zeiten öffnen.

231. Nie seine Sachen sehn lassen, wenn sie erst halb fertig sind.

232. Einen ganz kleinen kaufmännischen Anstrich haben.

233. Den fremden Geschmack nicht verfehlen.

234. Nie die Ehre Jemanden in die Hände geben, ohne die seinige zum Unterpfand zu haben.

235. Zu bitten verstehn.

236. Eine vorhergängige Verpflichtung aus dem machen, was nachher Lohn gewesen wäre.

237. Nie um die Geheimnisse der Höhern wissen.

238. Wissen, welche Eigenschaft uns fehlt.

239. Nicht spitzfindig seyn.

240. Von der Dummheit Gebrauch zu machen verstehn.

241. Neckereien dulden, jedoch nicht ausüben.

242. Den günstigen Erfolg weiter führen.

243. Nicht gänzlich eine Taubennatur haben.

244. Zu verpflichten verstehn.

245. Originelle und vom Gewöhnlichen abweichende Gedanken äußern.

246. Nie dem Rechenschaft geben, der sie nicht gefordert hat.

247. Etwas mehr wissen und etwas weniger leben.

248. Der Letzte behalte bei uns nicht allemal Recht.

249. Nicht sein Leben mit dem anfangen, womit man es zu beschließen hätte.

250. Wann hat man die Gedanken auf den Kopf zu stellen?

251. Man wende die menschlichen Mittel an, wie wenn es keine göttliche, und die göttlichen, wie wenn es keine menschliche gäbe.

252. Weder ganz sich, noch ganz den Andern angehören.

253. Keinen allzu deutlichen Vortrag haben.

254. Ein Übel nicht gering achten, weil es klein ist.

255. Gutes zu erzeigen verstehn.

256. Allezeit auf seiner Hut seyn gegen Unhöfliche, Eigensinnige u. s. w.

257. Es nie zum Bruche kommen lassen.

258. Man suche sich Jemanden, der das Unglück tragen hilft.

259. Den Beleidigungen zuvorkommen und sie in Artigkeiten verwandeln.

260. Keinem werden wir, und Keiner uns, ganz angehören.

261. Nicht seine Thorheit fortsetzen.

262. Vergessen können.

263. Manche Dinge muß man nicht eigenthümlich besitzen.

264. Keine Tage der Nachlässigkeit haben.

265. Seine Untergebenen in die Nothwendigkeit des Handelns versetzen.

266. Nicht aus lauter Güte schlecht seyn.

267. Seidene Worte und freundliche Sanftmuth.

268. Der Kluge thue gleich Anfangs was der Dumme erst am Ende.

269. Sich sein Neuseyn zu Nutze machen.

270. Was Vielen gefällt, nicht allein verwerfen.

271. In jedem Fache halte sich, wer wenig weiß, stets an das Sicherste.

272. Die Sachen um den Höflichkeitspreis verkaufen.

273. Die Gemüthsarten derer, mit denen man zu thun hat, begreifen.

274. Anziehungskraft besitzen.

275. Mitmachen, so weit es der Anstand erlaubt.

276. Seinen Geist, mit Hülfe der Natur und Kunst, zu erneuern verstehn.

277. Zu prunken verstehn.

278. Abzeichen jeder Art vermeiden.

279. Dem Widersprecher nicht widersprechen.

280. Ein Biedermann seyn.

281. Gunst bei den Einsichtigen finden.

282. Durch Abwesenheit seine Hochschätzung oder Verehrung befördern.

283. Die Gabe der Erfindung besitzen.

284. Man sei nicht zudringlich.

285. Nicht am fremden Unglück sterben.

286. Man sei Niemanden für Alles, auch nie Allen verbindlich gemacht.

287. Nie handle man im leidenschaftlichen Zustande.

288. Nach der Gelegenheit leben.

289. Nichts setzt den Menschen mehr herab, als wenn er sehn läßt daß er ein Mensch sei.

290. Es ist viel Glück, zur Hochachtung auch die Liebe zu besitzen.

291. Zu prüfen verstehn.

292. Die persönlichen Eigenschaften müssen die Obliegenheiten des Amts übersteigen.

293. Von der Reife.

294. Sich in seinen Meinungen mäßigen.

295. Nicht wirksam scheinen, sondern seyn.

296. Ein Mann von erhabenen Eigenschaften.

297. Stets handeln, als würde man gesehn.

298. Drei Dinge machen einen Wundermann.

299. Hunger zurücklassen.

300. Mit Einem Wort, ein Heiliger seyn.